现代办公设备操作与管理

杨继联　主编

延边大学出版社

图书在版编目（CIP）数据

现代办公设备操作与管理 / 杨继联主编. -- 延吉：延边大学出版社，2022.9
　　ISBN 978-7-230-03828-7

　　Ⅰ.①现… Ⅱ.①杨… Ⅲ.①办公设备－操作②办公设备－维护 Ⅳ.①C931.4

中国版本图书馆 CIP 数据核字(2022)第 167927 号

现代办公设备操作与管理

主　　编：杨继联	
责任编辑：乔双莹	
封面设计：李金艳	
出版发行：延边大学出版社	
社　　址：吉林省延吉市公园路 977 号	邮　　编：133002
网　　址：http://www.ydcbs.com	E-mail：ydcbs@ydcbs.com
电　　话：0433-2732435	传　　真：0433-2732434
印　　刷：英格拉姆印刷(固安)有限公司	
开　　本：710×1000　1/16	
印　　张：12	
字　　数：200 千字	
版　　次：2022 年 9 月第 1 版	
印　　次：2023 年 1 月第 1 次印刷	
书　　号：ISBN 978-7-230-03828-7	

定价：68.00 元

前　言

办公设备是现代办公活动的基本要素和必要手段。随着科学技术的进步，尤其是构成办公设备技术基础的计算机信息处理技术、通信网络技术和智能技术的发展，办公设备的类型不断增多，功能日臻完善，智能化程度逐步提高，办公活动对办公设备的依赖性也越来越大。掌握办公技术的基础知识，合理配置和科学使用现代办公设备，已成为当代办公管理人员必须具备的基本素质。

本书根据我国办公技术和办公设备行业的发展现状，系统介绍了现代办公所使用的通信设备、文印设备、信息采集设备、其他办公辅助设备等，较为详细地阐述了各类办公设备的基本原理、基本结构等，着重介绍了部分设备的使用操作、维护保养和选购安装。本书每章后面均有思考题，不仅有助于学生掌握现代办公设备的知识，而且方便教师在教学中训练学生形成规范使用现代办公设备的操作技能，并提供及时有效的操作指导。全书简单明了、实用性强，适合作为大专院校行政管理、文秘档案等专业的教材，也可作为机关、企事业单位办公、管理人员的培训课本和参考资料。

在策划和编写本书的过程中，笔者曾参阅了国内外有关的大量文献和资料，从中得到了不少启示；同时也得到了有关领导、同事、朋友及学生的大力支持与帮助。在此对他们致以衷心的感谢！由于笔者学识水平和时间所限，书中难免存在不足之处，敬请同行专家及读者指正，以便进一步完善提高。

杨继联
2022 年 6 月

目 录

模块一 现代办公设备的分类 1

    任务一　办公通信设备 2

    任务二　办公文印设备 3

    任务三　办公信息采集设备 3

    任务四　其他办公辅助设备 4

模块二 办公通信设备 6

    任务一　电话机 6

    任务二　传真机 16

    任务三　移动通信设备 42

    任务四　数据通信网络 52

模块三 办公文印设备 68

    任务一　打印机 68

    任务二　静电复印机 88

    任务三　数码速印机 103

模块四 办公信息采集设备 111

    任务一　计算机 111

1

任务二　数码摄像机 120

模块五　其他办公辅助设备 139

　　任务一　投影仪 139
　　任务二　交互式电子白板 147
　　任务三　装订机 155
　　任务四　碎纸机 159
　　任务五　打卡机 163

模块六　办公设备管理 170

　　任务一　办公设备管理责任与编号建卡 170
　　任务二　办公设备管理流程 172
　　任务三　办公设备管理表 175
　　任务四　办公设备管理制度模板 178

参考文献 183

模块一　现代办公设备的分类

导读：

办公设备是一个含义颇为丰富的概念。从广义上说，它可以指代一切用来为办公活动服务的设备、用品或用具，其外延甚至可以扩展到一部分办公设施。本书对办公设备的讨论基于其广义概念，即将办公设备界定为办公活动中使用的所有技术手段以及为办公活动服务的全部技术环境。从这一概念出发，依据办公设备的基本功能，本书将现代办公设备粗略地分为办公通信设备、办公文印设备、办公信息采集设备、其他办公辅助设备及办公环境。由于篇幅有限，本书暂不介绍办公环境的相关内容。

学习目标：

1.了解办公设备的基本分类。

2.了解办公通信设备。

3.了解办公文印设备。

4.了解办公信息采集设备。

5.了解其他办公辅助设备。

任务一　办公通信设备

办公通信设备是以传递办公信息为目的的信息传递工具。常用的办公通信设备有电话通信设备、传真机、移动通信设备和数据通信网络等。

电话通信是利用通信网络传播各种语音信息的通信活动，是办公信息交流最常用的手段。

传真机是集计算机技术、通信技术、精密机械与光学技术于一体的通信设备，其信息传送的速度快、接收的副本质量高，能准确地传送信息内容，是目前办公活动最常用的设备之一。

移动通信是指利用移动通信网络进行语音以及非语音通信的通信活动，它是电话通信的发展，通信过程中双方或至少其中一方可以处于运动状态中，从而使办公信息交流更加机动灵活，通信过程不受空间、时间限制。移动通信系统的基本设施是移动电话机和移动话网。

数据通信网络是以数字信号的形式传递、处理办公信息的信息网络，它是相对于模拟通信网络而言的。数据通信网络可传输的信息源十分广泛，包括图、文、声、像、数等各类办公信息，但这些模拟信息在进入数据通信网络之前需要转换为数字信号再进行传输。

在办公活动中，信息传递的形式、手段和方法在不断变化。早期的办公通信主要借助于电话通信网，借助电话机、传真机等设备进行；随着移动通信技术的发展和移动通信网络的构建，移动电话机成为办公通信的重要辅助手段，由此而拓展了办公通信者的活动领域；之后，数字技术与通信技术进一步结合，数字化网络平台由此诞生，基于计算机网络的数据通信逐步成为办公通信的主要手段。

任务二　办公文印设备

办公文印设备是以硬拷贝的方式输出、显示办公信息的办公设备。

办公活动中的大量办公信息不仅需要进行处理和传递，而且人们出于阅读、凭据和存档等目的，需要以硬拷贝的方式输出、显示。办公文印设备的作用就是按人们所需的方式，将办公信息的内容和形式"刻录"或"复制"到纸质材料上。目前常用的办公文印设备有复印机、打印机、速印机等。

复印机是用来复制文件、图表、图像等被复制对象的信息内容及其记录形式，获取与原件内容及形式相同副本的办公文印设备。由于现有的复印机均采用静电复印原理，故复印机又称为静电复印机。

打印机是输出打印计算机内处理或接收到的各类信息的办公文印设备。它是计算机最基本的外部设备之一，需要在计算机系统的控制下作业。随着计算机在办公管理应用中的普及和发展，打印机已成为办公活动中使用频率较高的办公文印设备。

速印机也称一体机或高速数码印刷机，是集复印和高速印刷于一体的数字化办公文印设备，它可以在复印的基础上快速、准确和清晰地印刷各种文件。速印机以其操作简单、速度快、质量高、功能全、成本低的特点，迅速成为办公文印设备的主要成员之一。

任务三　办公信息采集设备

目前，在办公领域使用最广泛的信息采集设备主要有计算机、扫描仪、数码相机、数码摄像机、录音笔等。下面简要介绍一下扫描仪与数码摄像机。

扫描仪是常用的图像输入设备。扫描仪的形式多种多样，按照扫描出的图文颜色划分，有黑白扫描仪和彩色扫描仪；按照扫描方式划分，有手持扫描仪和平板扫描仪。

数码摄像机是一种新生的数码产品，随着人们生活质量的不断提高，单是数码相机已经不能满足人们的娱乐需要，数码摄像机的诞生使人们的生活更加丰富多彩。数码摄像机由于具有超高解析度、色彩清晰等诸多优点正在取代目前的传统相机，逐渐成为当前摄像机市场上的主流产品。

任务四　其他办公辅助设备

常用的其他办公辅助设备包括投影仪、幻灯机、视频展示台、交互式电子白板、碎纸机、点钞机、支票打号机、切纸机、装订机等。下面简要介绍一下投影仪、视频展示台。

投影仪是现代办公设备的主要组成部分，它可以把多种图像信号发生媒体（如录像机、VCD、电脑、实物展示台等）输入的画面，利用专门的电路和光学放大系统投放到大面积的屏幕上。在办公自动化应用方面，其常作为新闻发布或视频会议的视频演示仪器，以便在视觉上感染听众，提高传媒或会议的效果。

视频展示台又叫作实物展台，其渐渐取代了传统胶片投影仪和幻灯机。视频展示台不但能将胶片上的内容投到屏幕上，而且可以将各种实物，甚至可以将可活动的图像投到屏幕上。它的应用范围也大大超出了传统的幻灯机。但是视频展示台只是一种图像采集设备。最终将图像展示出来，还需外部设备的参与，比如电视机和投影仪。

思考题

1. 办公通信设备包括哪些?
2. 速印机为什么能很快成为办公文印设备的主要成员之一?
3. 常见的其他办公辅助设备有哪些?

模块二　办公通信设备

导读：

办公通信设备是整个办公系统通信网络的主要部件，全面担负通信系统的传输、控制、交换、处理、监测等多项重要工作。

学习目标：

1. 了解电话机。
2. 了解传真机。
3. 掌握移动通信设备的相关内容。
4. 掌握数字通信网络的相关内容。

任务一　电话机

电话通信的基本设施是电话机和电话网，其中电话机是电话通信的终端设备，电话网是传送与接收电话机语音信息的渠道。电话网的中心设备是电话交换机，它是电话终端通过电话网络相互联系的枢纽。

一、电话机通信原理

电话通信就是利用电信号远距离传递人们讲话的声音。其实质就是把用户发出的声音转换成电信号,由线路传递到另一用户端,再将电信号还原成语言声音,这就是电话机通信的基本原理。在电话机里,人们把能够将声音变成相应电信号的转换设备称为送话器,把能将相应电信号还原为声音的转换设备叫作受话器,将两者之间的导电线称为线路。

无论电话机的构造如何复杂,其采集声音并将声音转换为电信号及其反向过程所采用的基本原理都是一致的。以下是贝尔(Alexander Graham Bell)所构造的第一台电话机示意图(见图 2-1)。该电话机构造非常简单,只是在一个电磁铁上装上振动膜片,为使声音集中,加上了助声筒和助听筒。说话时,声波冲击助声筒底部的膜片,并引起振动,振动改变了铁芯与衔铁之间的磁通,使线圈中产生变化的感应电流,这个变化的感应电流通过传送线传到了接收方电话机的电磁线圈,使助听筒底部的膜片按电流的变化发生振动,通过助听筒将振动产生的声音传入接收方的耳中。

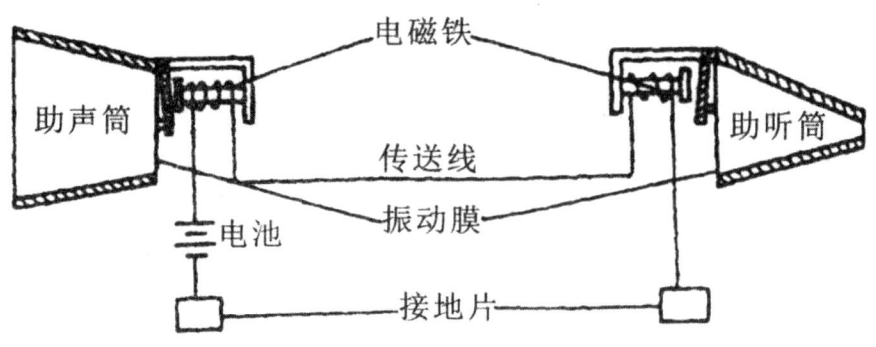

图 2-1 电磁式电话机原理

上述电话通信是单向进行的,为使双方能够交谈,必须再设置一套相同的设备,如图 2-2 所示。

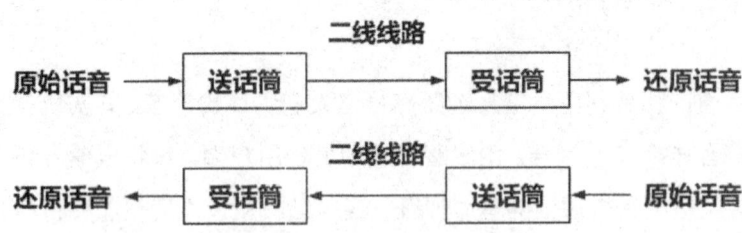

图 2-2　用两对导线双向传输信号的电话系统原理框图

考虑到传输线路设备的经济性，电话系统实际上采用了一对导线的二线传输线路实现了语音信号的双向传输，如图 2-3 所示。

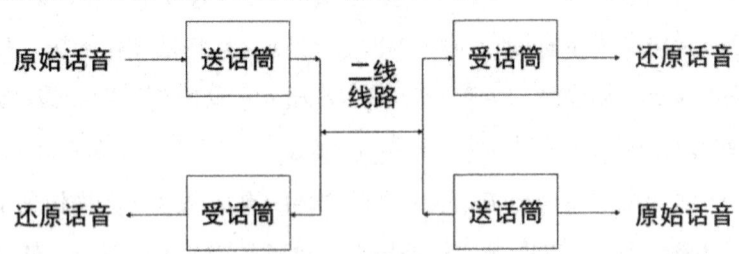

图 2-3　用一对导线双向传输信号的电话系统原理框图

上述电话系统虽然节约了传输导线，但会产生侧音效应。所谓侧音效应就是说话方发出的声音通过送话筒转换成电信号后，不仅可以通过二线线路送往对方，也会送到说话方受话筒中，从而产生很大的声音——侧音。这种侧音会影响说话方收听对方的声音，使其产生听觉疲劳。为此，人们在电话机中设计了完成 2/4 线转换和消除侧音的混合电路。

以上只是简单介绍了电话机的通话原理，实际的电话机电路还要考虑直流供电、呼叫信号发送等问题。

二、电话机的功能

近年来，电话机功能不断扩展与完善。全面了解并正确使用多功能电话机不仅能够提高工作效率，而且可以减少话机故障。按键式电话机的常见功能如下。

（一）号码重拨功能

拨打电话时，如果被叫电话忙音或无人应答，则拨打者可以挂断后立即利用重拨键重拨，电话机将记住此前最近一次的拨叫号码，并自动拨叫该号码。有些话机还具有遇忙音时自动重拨若干次的功能。

（二）通话免提功能

拨打者可以通过按下免提键后不提起手柄进行拨号及通话。按下免提键后，免提指示灯会亮起，拨打者即可按数字键拨号，接通后直接对着话机通话，利用话机上的内置麦克风和扬声器完成对讲通话。一般话机右侧设有音量调节按钮，可任意调节受话音量及拨号音量。若在用手柄通话的过程中，想转为免提通话，只要先按下免提键，然后将手柄放回原处即可面对话机与对方通话。通话完毕后，再按免提键，指示灯灭，电话挂断。免提功能可以使通话者边工作边通话，并可实现一人讲、多人听的通话功能。

（三）号码存储和缩位拨号功能

常用的电话号码可以预先存入电话机里，需要拨打时可缩位拨号。不同的电话机，号码存储和缩位拨号的方法不完全相同。电话号码的存储方法如下：提起手柄或按下免提键后，按存储键，再按所需存入的电话号码，再次按存储键，然后按该电话号码的存储地址（单键式缩位选择 M1、M2、M3 的其中之一：双键缩位选择00至99之间的某个两位数），放回手柄或按下免提键，号码记忆完毕。重复上述步骤可将一系列常用号码存入不同的缩位地址。若要改变存入的电话号码，只需在原存储地址再次存入新号码即可。

缩位拨号时，提起手柄或按下免提键，听到拨号音后按缩位拨号键，然后再按相应的地址键，这时预先存入该地址的电话号码会自动拨出。

（四）来去电显示功能

目前大部分电话机具有来去电显示功能，即电话机可依顺序记录下打进、打出电话的号码。电话机可记录来去电的数目取决于话机内置存储芯片的容量。来去电显示是按键式电话的一项极为实用的功能。

（五）发话闭音功能

在通话过程中通话者有时会被身边的第三方打断，为在不挂断电话的同时与身边的第三方作短暂交谈，且不让通话对方听到谈话的内容，可按下闭音键，暂时中断发话电路，使电话机处于单向接通状态。再次按下闭音键，可恢复正常的通话状态。

（六）受话增音功能

当线路较长时，接收方接收到的语音音量会变小，以致无法听清。为此许多电话机通过加装控制开关控制受话电路的放大器，使其具有受话增音功能，以此调节受话音量。

（七）通话保持功能

通话过程中，如果因某种原因（如查找对方所需材料，或身边人员打扰等），需要对方持机（即不挂断电话）暂等一段时间后继续通话，可按保持键，这时会有音乐响起，电话线路仍畅通。继续通话时，再按一下保持键，音乐随即停止，恢复通话状态。

（八）铃声调节功能

人们可根据需要调节电话机接受呼叫时的振铃声。随着数字技术的发展，有些电话机甚至存储了多种不同类型的振铃声供使用者选用。

（九）防盗开关功能

某些电话机具有防止盗打电话的功能。当需要使用防盗功能时，将防盗开关拨到"开"，此时若有人在本机电话线路上并机盗用电话，电话机的盗用警示灯立即闪烁，并向盗用者发出急促的警笛声，使盗用者无法使用。

（十）通话计时功能

许多电话机具有通话计时功能。若采用手动计时，则按"计时"键，显示屏显示 00：00 并立即开始计时，通话结束时再按一次"计时"键即保留所计时间。若自动计时，则提起手柄或按"免提"键，在拨完号 10 秒钟后电话机自动计时，通话结束后再按一次"计时"键即可保留通话时间。通常最长计时时间为 1 小时。

（十一）日期时钟功能

凡带液晶显示屏的按键电话机一般都具有日期时钟功能，即话机屏幕上依次显示当时的年/月/日和时/分/秒，乃至星期几，并可随时重新调整或设置其显示格式。

三、按键式电话机的主要部件

不同类型的按键式电话机，其功能、结构也存在着差别，但其基本构件不外乎以下几个部分。

（一）送话器

送话器是电话机的声/电转换器件，其功能是将声音转换成语音电流。可实现声/电转换的器件很多，如电磁式受话器、动圈式受话器、压电式受话器等都可实现声/电转换，所以均可作为送话器使用。此外，还有碳精式送话器和驻极体送话器。

衡量送话器性能的基本指标有两个：灵敏度和频率响应。灵敏度反映的是送话器的声/电转换效率。送话灵敏度主要指声压灵敏度，它是指送话器膜片所受的声压为1Pa时，送话器的输出电压。一般来说，灵敏度是随声音频率的变化而变化的，同一送话器对不同声音频率的灵敏度存在小范围的变动。

通常根据灵敏度是否随声压大小变化而将送话器分为线性送话器和非线性送话器两类。线性送话器的灵敏度不随声压大小变化；非线性送话器则相反。在常用的送话器中，碳精式送话器为非线性送话器，电磁式、动圈式、压电式、驻极体送话器均为线性送话器。其中应用最多的是驻极体送话器。

（二）受话器

受话器是电话机的电/声转换器件，其功能是完成语音电流向话音的转换。电话机中常用的受话器可按其阻抗大小区分为中阻和高阻，按能量转换原理分为电磁式、动圈式、压电式等类型。

（三）按键式拨号盘

按键式拨号盘的作用是与相应的拨号集成电路配合，发出拨叫号码或其他控制信息的脉冲信号或双音频信号。按键式拨号盘作为电话机拨号时的接口部件，给拨号集成电路提供输入信号。

按键式拨号盘一般由 12 个按键（*键、#键和 0~9 数字键）和对应的开关接点组成。用按键式拨号盘发脉冲信号时，数字键用来发相应数量的直流脉冲，*键、#键作为功能键使用，如重拨、暂时停拨、发话闭音等。在发送双音频信号时，12 个键均用来发送双音频信号，若有其他功能应另加键。按键式拨号盘的排列有标准和非标准两种，标准排列如图 2-4 所示。

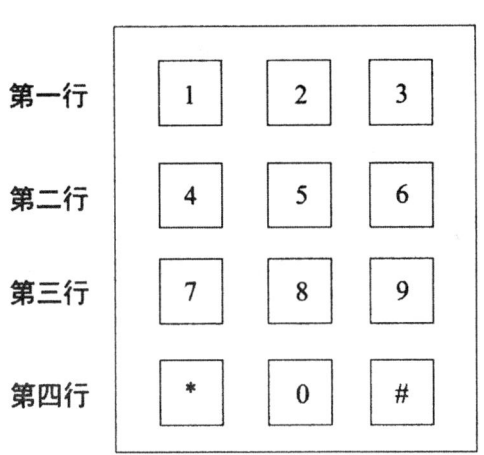

图 2-4　电话机标准键盘排列

（四）音调振铃器

音调振铃器是电话机中实现振铃功能的装置，由振铃集成电路和电/声换能器件组成。振铃集成电路的功能是将 15~25 赫兹的振铃电压转换为几百到上千赫兹的两种音频电压，并按一定的周期（例如每秒 10 次）轮流送出。振铃集成电路内有转换器和放大器，放大器可直接带动高阻的电/声换能器，例如压电陶瓷振铃器。压电陶瓷振铃器的原理和压电式受话器相同。音调振铃器交替发出的两种声音的频率及其交替速度是由集成电路的外围元件控制的。

四、电话机的选购、安装与保养

（一）电话机的选购

以下是选购电话机的若干注意事项。

1.必须选购国家工业和信息化部批准入网的电话机

为保证话机的质量，避免低质话机对整个电话网通信质量产生干扰，我国电话机的生产和使用采取"准入制"，凡具有入网许可证的电话机都经过了相关部门的严格检测，在生产质量、入网后的使用性能上有一定的保证。许可入网的电话机均贴有"进网许可"标签，选购电话机时应首先注意这一点。

2.注重电话机的品牌

品牌是质量的代表，一个信誉较好的品牌往往意味着较高的工艺质量、较低的产品故障率和良好的售后服务。购置电话机时，在考虑性能价格比的同时应尽可能选择名牌产品。

3.根据实际需要确定电话机应具备的功能

购置电话机并非其功能越全越好，因为电话机的功能与价格成正比，通常其功能越全，价格越高，并且功能越多，结构越复杂，发生故障的可能性就越大。因此，选购电话机时必须根据实际需要确定电话机应具备的功能。诸如是否需要长途锁功能，是否需要防盗功能，是否需要液晶显示功能等。

4.注重电话机的造型与外观

办公室应根据本身的办公性质和办公空间选择适宜的电话机造型、风格和色调，使电话机成为办公环境的有机组成部分。美观、大方、实用应成为办公电话机外形选择的基本要求。

5.注重电话机的工艺质量

电话机内在质量如何，需要经过专门检测或使用后才能得知，但其外部质量却是显而易见的。外部质量在很大程度上反映着其内在性能和总体质量。因此，选购时应注意观察电话机外部的工艺质量。诸如：检查叉簧的灵活度和按键的松紧度，检查机件表面的光洁度。

（二）电话机的安装

就安装过程而言，电话机的安装十分简单，办公人员只要参照产品使用说明书中的安装步骤逐步操作即可。电话机安装的关键是正确选择安装位置。其安装位置的选择必须遵循方便、安全的原则。

首先，应按照办公空间的整体布局将电话机置于使用人员便于操作的位置。如个人独用电话置于其办公桌上，办公室公用电话置于所有办公桌的中间位置等。

其次，应保护电话机本身及其使用者的安全。电话机所在位置应符合"五避"标准：避免高温，避免长期阳光直射，避免潮湿及雨水侵入，避免粉尘，避免强电磁场干扰。以免电子元件、机壳、线绳快速老化、变形，印刷电路板漏电，从而出现通话故障。电话机的线绳应置于隐蔽处，若线绳过长则应卷起，以免办公人员活动时不慎碰断线绳或将电话机扯下来。若使用环境中粉尘密度较大，应对电话机作防尘保护。

（三）电话机的使用和保养

按键电话机是由以集成电路为主的电子元件构成的，为确保通话质量，降低故障率，延长电话机的使用寿命，必须合理使用、及时保养电话机。以下是电话机使用与保养的主要注意事项：

①用电话机前仔细阅读产品使用说明书，详细了解各功能键和开关的作用。②拨号按键时，应用力均匀，忌过重、过快；按键的时间间隔应均匀，以免打错号码。③手柄搁机及手按叉簧时，忌用力过重，更不能高频率拍打叉簧，以免损坏叉簧。④在未了解有关功能键的使用方法前，忌盲目按键或拨动转换开关。⑤不要扭绞或随意拉扯电话线绳，以免内部芯线折断。⑥通话时，应认真分辨各种信号音，根据信号音决定下一步的操作。⑦电话机出现故障时，可用替换法确定是线路原因还是话机故障。若是线路原因则通知相关管理部门检修；若是话机故障，则应请专业维修人员进行修理。⑧使用电话时，需注意个人卫生，应经常清洁电话机，可用潮湿软布擦拭电话机表面，但切忌使用酒精等有机溶剂清理，以免电话机表面失去光泽或表面印字脱落。

任务二　传真机

传真机是借助公共通信网或其他通信线路在通信双方传送文件、图表、图像等，使接受方获取与发送对象的信息内容与记录形式完全相同的副本的办公通信设备。

一、传真机的基本种类

传真机种类繁多，分类方法也多种多样。

若按传真机适用的传真对象分，可分为文件传真机、相片传真机、报纸传真机、气象传真机等。

文件传真机,也称图文传真机,主要用于传送图片和文件。只传送和接收黑白两种色调,故又称黑白传真机或真迹传真机,它通过电话线发送、接收图片和文件,可以配合电话机使用。文件传真机是目前使用范围最广、用量最大的传真机,普通办公室大多使用这类传真机收发文件和图片。

相片传真机,是用于传送包括黑和白在内全部光密度范围的连续色调图像,并用照相记录法复制出符合一定色调密度级要求的复制品的传真机。它通过电话线发送和接收图像。常见的传真照片就是利用相片传真机传送的。

报纸传真机,也称新闻传真机,是一种高速大滚筒式传真机,可以将整版报纸进行传送,接收方得到传真复制稿后就可以制版、印刷、发行,使得较远地区能够正常发行当天报纸。

气象传真机,是气象部门用来发送、接收气象卫星云图等,以便及时预报气象消息的专用传真机。在国际气象传真信息交换中使用的气象传真机,其气象传真有两种传输方式,即利用短波(3~30MHz)的气象无线传真广播和利用有线或无线电路的点对点气象传输广播。

按文件传真机所采用的传送技术和速度,国际上将目前已经应用和开发的文件传真机分为四个类别:一类传真机、二类传真机、三类传真机、四类传真机。

一类传真机:是采用双边带调制,对传输信号不作任何频带压缩,只占用一个话路,以每毫米4线的标称扫描密度,在6分钟内传送一页A4幅面文件的传真设备。

二类传真机:是采用频带压缩技术,只占用一个话路,以每毫米4线的标称扫描密度,在3分钟内传送一页A4幅面文件的传真设备。

三类传真机:采用减少冗余度和频带压缩技术,以大约1分钟或更短的时间传送一张A4幅面的文件的传真设备。

四类传真机:主要适于在公用数据网(分组交换网络和电路交换网)上传输的传真机。这类传真机在传输文件前会采取更为先进的编码方式,将所要传输的文件进行压缩,适于公用数据网的通信规程,传送文件的时间只要几秒钟。经适当的调制解调处理后,四类传真机也可以在公用电话网上使用。

一类传真机属低速传真机,目前已淘汰;二类传真机为中速传真机,在当今的数字化环境中使用者越来越少;三类传真机为高速数字传真机,是目前使用较为广泛的传真机;四类传真机由于其更佳的数字化性能和传输速度,应用也越来越普遍。

此外,传真机可按传送信号的类型分为真迹传真机、相片传真机和彩色传真机;按占用电话路数分为单路传真机、多路传真机。

二、传真机的工作原理

传真技术是光学技术与电子技术的有机结合。使用传真机的目的是将图文原稿上的内容和形式信息完整地传送给接收方。为实现这一目的,首先,要对发送的图文原稿进行光学扫描,通过扫描将图文原稿上的图像信息分解为无数细小的"微粒",这些"微粒"被称为像素,图像可以看成是无数像素排列组合的结果。然后,按照一定的顺序将这些像素转化为电信号,电信号的强度与所传送像素的亮度成正比。电信号经过放大调制后,通过传输线路(电话网或数据网)传送到接收端。在接收端,接收到的电信号被放大解调,转变成一个个像素。最后,将像素按照与图文原稿同样的顺序进行合成,还原出与原稿相同的图文。

下面以三类传真机为例,介绍传真通信的基本过程(参见图2-5)。

模块二 办公通信设备

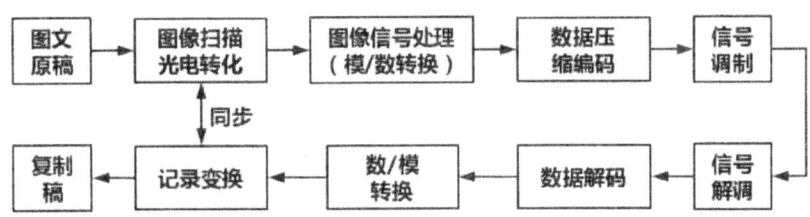

图 2-5 传真通信的基本过程

（一）扫描图文原稿

首先，将待发送的图文原稿置于原稿台上，然后启动自动进稿器，传真机的光学系统将对原稿进行逐行扫描（见图 2-6），将原稿上的二维图像分解为许多像素，并按照扫描的先后顺序将这些像素变换成一维的、随时间变化的光信号。

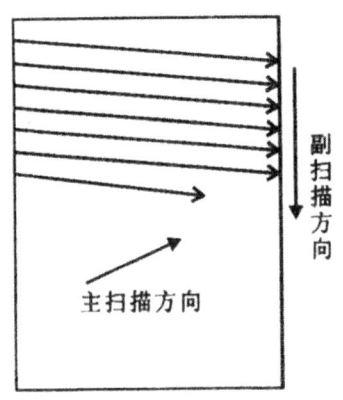

图 2-6 传真扫描方向

目前，常见的扫描方式有三种：第一种是机械扫描方式，由机械设备完成对传送图文的纵横扫描。第二种是电子-机械扫描，这种扫描方式的扫描点在主扫描方向上的移动是用电子方法来完成的，而在副扫描方向上的移动需采用机械方式实现。所谓主扫描是指图像在水平方向上的分解与合成，而副扫描则

19

是指图像在垂直方向上的分解与合成。第三种扫描方式是电子扫描，它的主扫描和副扫描均用电子方法实现。

（二）光电转换

这一部分是把由扫描来的各个像素随时间变化的光信号经光电转换线路转换成与光信号强弱相对应的电信号。通常使用的光电转换器件有CCD（电荷耦合器件）和CMOS（互补金属氧化物半导体）等。

（三）图像信号处理（模/数转换）

光电转换出来的电信号是模拟信号，为了进行后续的数据压缩编码，必须对模拟信号进行数字化处理，即进行模拟/数字（A/D）转换。

（四）数据压缩编码

经数字化处理的图像信号，其数据量相当大，传送所需时间较长，因此必须进行数据压缩。由于一幅图像内部各像素之间具有很强的相关性（例如文字类图像中存在大片的黑色和白色），所以图像信息的冗余度很大。采用某种编码运算，可以达到压缩图像数据比特数，缩短传送时间，提高传输速度的目的。

（五）信号调制

如前所述，传真机处理和发出的是数字信号，而一、二、三类传真机普遍采用的传输信道——电话交换网是模拟信道，为了在模拟信道上传输数字信号，必须采用调制器将数字信号调制到模拟载波上，然后将已调制的信号送上电话线路，传送到接收方。这种实现对数字信号的发送前调制和接收后解调的部件被称为调制解调器。

（六）信号解调

用调制解调器对线路上传来的已调信号进行解调，从而恢复发送方压缩后的数字信号。

（七）数据解码

利用译码器对解调后的压缩信号进行解压缩，恢复未经压缩的原图像数字信号。

（八）数/模转换和记录变换

接收端为了将被解压后的数字信号还原成原图像，必须对数字信号进行数/模转换，并将模拟信号进一步转换为记录像素所需的能量（电、光、磁、热、压力等），通过记录部件（如感热记录头等）记录在特定的记录纸上，从而实现传送文稿内容的再现。

（九）同步

在传真过程中，传输信号组成一组像素序列，各个扫描的像素信号首尾相接。要使接收图像与原稿一样，就必须使每一像素在发送原稿上的位置与其在接收记录纸上的位置一致，这一要求便是传真过程中的同步控制，它通过相应部件来实现。

上述过程相互衔接、相互配合，以此完成对传真图文的发送和接收任务。

三、传真机的主要性能指标

（一）扫描点尺寸

扫描点是指被传真图像在发送或接收时所分解出来的像素，无数明暗不同的像素组合成被传真的图像。扫描点的尺寸取决于图片的性质和对复制出的图像的要求。通常，扫描点越小，所获得的图像与被传真的原始图像越相近，图像越清晰。但是，扫描点过小，像素的数量将成倍增加，这一方面使图像的发送时间延长，另一方面使每个扫描点反射到光电器件上的光通量减少，导致干扰影响增强，给信号处理带来困难。为此，合理选择扫描点的尺寸十分重要。

（二）扫描行距

扫描行距是相邻两条扫描线对应边的距离，单位为毫米（mm）。扫描行距越小，图像被分解出的像素越多，接收端所得到的图像副本就越清晰。

（三）扫描线密度

扫描线密度是扫描线行距的倒数，即单位长度内的扫描线数，单位为线/毫米。一类、二类传真机扫描线密度为4.3线/毫米。目前的三类传真机的扫描线密度可达到15.4线/毫米。

（四）扫描线长度

扫描点沿主扫描方向扫描一行的距离为扫描线长度，单位为毫米。在滚筒扫描中，扫描线长度即为滚筒的周长，在平面扫描中，扫描线的长度等于扫描头的有效宽度。

（五）扫描速度

主扫描速度是指单位时间内扫描元件对图像进行主扫描的次数。在使用滚筒式扫描的情况下，它等于滚筒的转速；在使用平面扫描的情况下，它等于单位时间内扫过的扫描线数。副扫描速度是指在单位时间内扫描元件在副扫描方向上扫描的距离。

（六）传送时间

传真机传送一页文稿所需的时间为传送时间。传送时间由原稿的尺寸、扫描线密度及传输线路允许传输频带的宽度所决定。一类、二类、三类传真机的区别之一就是各类传真机传输同一 A4 幅面文件所需要的时间不同。

四、传真机的基本构成

不同传真机的个别功能和具体电路有所不同，但基本构成大致相同。由于目前大量使用的是三类传真机，这里以三类传真机为例介绍传真机的基本构成。三类传真机的基本组成部分包括：发送扫描部分、编/译码部分、接收记录部分、信号传输部分、微机控制电路、操作显示面板、电源部分及机械传动系统等。

（一）发送扫描部分

发送部分的主要部件是光学成像系统、CCD 图像传感器和图像信号处理电路。

光学成像系统的功能是将图文原稿尽可能不失真地传送给 CCD 图像传感器，在 CCD 图像传感器上形成光学扫描线。光学成像系统主要由光源（通常为荧光灯）、光学镜头和反射镜等元件组成。

  CCD 图像传感器的功能为光电转换、信号存储和信号传输。它是一种全固体自动扫描的摄像器件，通过对图文原稿进行逐行扫描并将其分解为像素，经光电变换转为电信号，以此实现对图文原稿的读取。

  图像信号处理电路的功能是对 CCD 图像传感器读取的图像信号进行处理，包括模拟处理和数字处理两部分。模拟处理的目的是消除因 CCD 图像传感器的固有热噪声、荧光灯和透镜本身的局限而造成的成像亮度不均匀，以及因原稿底色不同、字迹深浅不一等造成的图像信号畸变等影响，模拟处理的内容包括对图像信号进行消噪放大、畸变校正、自动背景控制等处理。数字处理的内容是通过 A/D 转换器进行模数变换，将模拟图像信号数字化，为下一步编码压缩工作做好准备。

（二）编/译码部分

  编/译码部分的主要部件是行存储器、编码译码器和缓冲存储器。其中编码译码器是关键部件。

  编码器的功能是对图像数据进行编码压缩，去掉图像数据中的冗余信息，减少要发送的图像信号，从而提高图像的传真速度。而译码器的功能恰好与编码器相反，它是对接收到的、经过发送方编码压缩后的数字信号进行解压缩，将信号还原成对应原稿像素的图像信号。

（三）接收记录部分

  接收记录部分的主要部件是图像记录部件和记录控制电路。

  图像记录部件的功能是将接收到并经译码器解压后的图文原稿数据按特定的方式记录在普通或专用的记录纸上，由此形成传真原稿的副本。目前三类传真机多采用热敏记录头来记录传真副本。这种记录头通常由若干个发热单元

（热敏电阻）组成。图像数据信号在记录控制电路的作用下有秩序地传送到热敏记录头，由记录头将电能转变为热能，使得与发热单元接触的记录纸（热敏记录纸）迅速改变颜色，由白转黑，与不发热单元接触的记录纸仍为白色，最终，通过记录头将电信号转变成对应原稿像素的可视图像。

记录控制电路的功能是控制译码后的图像数据，将其分成多段，并分别送至记录头的相应记录单元，同时向记录头输出地址信号和驱动脉冲，以保证记录头完成图像合成。

（四）信号传输部分

信号传输部分的主要部件是调制解调器和网络控制部件。

调制器的功能是将要发送的图像数字信号调制到载波信号上，以便能在模拟电话线路上传输。解调器的功能是将接收到的已调制的传输信号解调成图像数据，以便译码和记录。

网络控制部件的功能是实现公共电话交换网与传真机、电话的连接。当传真图文时，网络控制部件将线路转接到传真机上，传真结束，再将线路转接回电话机。此外，它还具有摘机检测、振铃信号检测和发送拨号信号等功能。

（五）微机控制电路

微机控制电路的主要部件有微处理器、程序存储器、随机存储器、输入/输出接口、地址译码器、总线驱动器及系统总线等。

微机控制电路是三类传真机的控制中心，其功能是对整机进行指挥管理。根据传真机工作过程设计的控制程序被存放在程序存储器中，微处理器通过执行这些程序来实现传真机的各种功能，随机存储器则用于存放传真机的工作状态信息、自动拨号的电话号码和图像数据；输入/输出接口作为控制电路与其他电路的接口，进行数据交换，完成微处理器对传真机各部分的控制，以实现对整机的指挥管理。

（六）操作显示面板

操作显示面板通常由各种开关、按键键盘和液晶显示器组成。键盘的数字键、单触拨号键及各种功能键组成矩形电路，与键盘控制电路的输入口相接。操作人员通过按键设置机器的工作方式和工作状态，键盘控制电路将键盘操作输入的信号送到微处理器进行识别，微处理器根据输入的键盘信息实现对整机的控制。

（七）电源部分

三类传真机的电源一般分为三个部分：主电源、待机电源和热敏头电源。三部分电源分别供给传真机的不同部件使用。当打开三类传真机的电源开关后，待机电源便接通，待机电源主要为振铃信号检测电路和操作显示面板的按键扫描电路供电。主电源负责给除热敏记录头以外的所有部件和电路供电。

三类传真机一般采用开关电源。开关电源具有耗电低、效率高、体积小、重量轻、稳压范围广等优点。

（八）机械传动系统

机械传动系统的主要部件是进纸机构和排纸机构。

进纸机构的功能是在控制电路的控制下将原稿自动送入扫描读取部件。排纸机构的功能是传送记录纸，当记录开始时，排纸机构将记录纸引导到记录头，当记录结束后自动将记录副本切成规定的尺寸。此外，机械传动系统还设置了原稿位置传感器和记录纸位置传感器，以便微处理器控制进纸和排纸。

五、传真机的通信过程

在公共电话交换网中使用传真机时，发送方与接收方要想正确无误地进行通信，双方必须遵循统一、标准的通信规程，即 T30 协议。

按照 T30 协议的规定，一次完整的传真通信过程可分为五个前后相续的阶段。

（一）阶段 A

阶段 A 为呼叫建立阶段。该阶段的主要目的是连通两台传真机之间的通信线路。呼叫建立可分为人工呼叫和自动呼叫两种方式，具体有以下四种情况：

主叫方与被叫方均为人工操作。主叫方摘机、拨号，线路接通后，被叫方听到振铃声后摘机应答，双方均将线路由电话机切换至传真机，从而使传真通信过程进入阶段 B。

主叫方人工操作，被叫方自动操作。主叫方摘机、拨号，被叫方传真机检测出振铃声后自动应答主叫方，发出 CED 信号（被叫方传给主叫方的"准备好"信号），主叫方听到该信号后，操作员将线路切换到传真机上，使传真通信过程进入阶段 B。

主叫方自动操作，被叫方人工操作。主叫方传真机检测拨号音后自动拨被叫方号码，并向线路发送 CNG 信号（主叫方向被叫方发送的探询信号），被叫方检出振铃声后，由操作员应答呼叫，将线路切换到传真机上，双方开始按传输规程进行传递。

主叫方与被叫方均采用自动操作。主叫方传真机检测拨号音后自动拨叫方号码，并向线路发送 CNG 信号，被叫方传真机检测出振铃声并自动应答呼叫，向主叫方发送 CED 信号，双方开始按传输规程传递信息。

（二）阶段 B

阶段 B 为报文前处理过程。该阶段的主要目的是识别和选择所需要的传真机工作模式，进行报文传送前的准备工作，包括检测双方的兼容能力和线路状态，确认主要技术参数，如扫描线密度、纸宽及通信速度等。经过这一阶段，双方的传真机都做好了准备工作，可以转入 C 阶段，进行报文传送。

（三）阶段 C

阶段 C 为报文传输过程。包括报文传输 C1 和报文传输 C2。C1 主要传送报文中的同步信号、差错检测信号及线路监测信号，以保证被叫方能可靠地接收报文信号；C2 传输的是报文信息。C1 和 C2 是同时进行的。

（四）阶段 D

阶段 D 为报文后处理过程。该阶段的主要目的是确认文件的收到情况，并以此确定下一步的工作。在这一过程中，双方传真机要共同对报文是否结束、接收情况如何、是否还有报文以及传真过程是否结束等作出判断，以此确定下一步是转到 E 阶段还是转回 B 阶段。

（五）阶段 E

阶段 E 为呼叫释放阶段。传真过程结束并接收到证实信号后，传真机将通信线路断开，传真通信结束。

六、传真机的各种功能

随着信息技术的发展及其在传真机开发、制造中的应用,传真机功能日臻完善。除了基本的图文发送、接收、复印功能,传真机还有许多辅助和附属功能。下面对目前传真机的各种功能作一个简要介绍。

(一)自动拨号功能

为提高自动化程度,减少传真联络所需的时间,中高档的三类传真机通常采用以下几种简化拨号的方式。

1. 单触键拨号

传真机操作面板设有几十个按键,用户可将经常使用的被叫方电话号码事先存入传真机的存储器中,并选择想要为其设置的某一单触按键。如果要用此号码传真,只需按下该键,预先存储的电话号码会自动地由传真机拨出。这种方式称为单触键拨号。通常,在面板下每个单触键的下方都有一个标签,可用来标明该单触键所记电话号码的单位名称。

单触键拨号需要预先设置,某些传真机不仅可存入被叫方的电话号码,而且可预设置发送速度、发送时间及被叫单位的名称或相关信息。有些单触键还可以在一个键中同时存入同一单位的两个电话号码,在拨号之后,如果一个号码占线,会立即转拨另一个号码而无须人工干预。

单触键的速拨功能不仅能减少拨号时间,提高工作效率,而且能最大限度地减少拨号错误。

2. 缩位拨号

缩位拨号类似于单触键拨号,它是将常用被叫方号码预先存入传真机的存储器中,并赋予每个预存的号码一个对应的两位数。拨叫该号码时,只需按一个专用键(缩位拨号键)后按下对应的两位数即可。

例如，将被叫电话"0512-67165493"预设为两位数"23"，拨叫该号码时只需按专用键（缩位拨号键）＋数字键2＋数字键3。

与单触键拨号只需拨打一个键相比，缩位拨号需要拨打三个键。但是，由于单触键拨号必须是一个键对应一个电话号码，而面板上的按键数目是有限的，因此其对应的电话号码不可能太多，相比之下，缩位拨号键是一个专用键与两位十进制数的组合，可以不受面板大小的限制，理论上可设置100个缩位号码。

3. 电子记事簿

这是一种较新的功能。电子记事簿是指某些传真机可以在存储器中事先存入被叫用户的相关信息，包括被叫用户的地址、号码、单位名称等，并具有对这些信息的检索和查询功能，在检出所需的被叫号码后可像单触键拨号那样自动拨叫。

4. 自动重拨

电话号码拨出后，常常出现对方占线的情况。因此，传真机大都具有自动重拨功能。自动重拨是指传真机在相隔一定时间之后自动拨叫若干次，以叫通线路。重拨次数和重拨间隔，可由用户自行设置。

（二）无人值守功能

无人值守是传真通信的一大特点，特别是对时差很大的国际传真通信来说特别适用。无人值守通常分为收方无人、发方无人和收发方均无人三种情况。

1. 收方无人（自动接收功能）

发方传真机操作人员拨通收方的电话号码后，收方传真机在无人值守的情况下检测到发方的振铃信号，自动应答发方的呼叫并启动，将发方的传真报文接收下来，并同时打印出管理报告，以供收方查看。这种传真通信方式称为自动接收。

2.发方无人（查询发送功能）

发方传真机操作人员将拟发的文稿置于待发状态后离机，当收方操作人员拨通发方的电话号码后，发方传真机即被启动，文稿便按放置顺序自动发往收方。这种传真通信方式称为查询发送，发送与否的主动权在收方，为了防止信息失密，可采用检验查询码的方式限制第三方获取传真信息，即只有在接收方提供了正确的查询码（收发方事先约定的密码）后，发方传真机方自动启动传真程序。

3.收发方均无人（定时发送和自动接收功能）

在发方，操作人员将拟发的文稿置于待发状态，并设置预定的发送时间后离机。到达预定时间后，发方传真机便自动拨号呼叫对方，并同时启动收方传真机，自动将文稿发送给对方。这种传真通信方式称为定时发送和自动接收。

（三）存储转发功能（顺序同报）

目前常用的三类传真机大都具有大容量的内存，操作者可以将要发送的文稿事先存入传真机的内存中，并对拟传真操作进行编程，此后传真机将根据预定程序将同一文稿自动依次发送到所要发送的所有传真机中，接收方可以有100多个。换言之，一次发送操作，同一文稿可传送到100多个不同的地点。这种文件顺序通信的方式称为顺序同报。顺序同报可有两种不同的方式：即时顺序同报和定时顺序同报。有的传真机甚至可设置50个不同的时间向不同的接收者依次发送文稿。

顺序同报的优点是：减少发送文件的操作时间，简化发送文件的操作步骤，防止发送文件的操作错误。

（四）存储接收功能（无纸接收）

随着内存的增大，传真机不仅能够完成存储发送功能，而且可以在传真记录纸用完后将接收到的信息临时保存在内存中，待操作人员换上记录纸后再打印出来，这一功能可以避免记录纸用完后因无法及时更换而丢失信息。可无纸接收的页数取决于传真机内存的容量。由于大多数传真机的内存配置有后备电池，在外界电源切断后，存储器中的文稿信息仍可保存近一个月的时间。

（五）保密传送功能

由于被传真文稿自动接收后直接置放于传真机上，任何人都可能看到文稿的内容，因此自动接收方式对保密性文件的传真是不安全的。为此，一些高档传真机提供了保密传真的功能。保密传真是将要传送的保密性文件直接送入接收方的传真机保密箱中，每个保密箱都有一个预设的专用密码，只有知道密码的人，方能将存储在保密箱中的文件打印出来；否则，该文件将一直存在信箱之中。保密箱实际上是传真机的内部存储器。有些传真机可设置的保密箱有五六十个，可分配给多人使用。显然，保密传送可以保护机密数据，防止接收文件的丢失。

（六）复印功能

复印是传真机的三项基本功能之一。对传真机而言，复印就是自发自收。部分传真机具有较大的内存容量，能够一次性复印多页文件。

为获得较高的复印质量，在使用复印功能时，传真机通常会自动选择"精细"方式（即采取高扫描线密度）扫描原稿，以此产生出更为精细、美观的复印副本。

（七）请求通话功能

部分传真机设有"请求通话"键，在传真过程中，若操作者按下该键，则传真结束后传真机会以提示音的方式提醒按键者通话，如果操作者在规定时间内响应，则线路不会被切断，通信双方可以继续通话。

（八）传真与电话自动转换功能

由于一般单位传真业务量不是很大，为节省通信线路，许多单位的传真和电话使用同一号码。这种方式固然节约了办公经费，但也带来了一系列麻烦。例如，线路中来的是电话，但此时传真机处于自动接收状态，操作者听到铃声后未及时接听，线路即被转换到传真通信状态，这样通话线路被自动切断。或者，线路中来的是传真，但传真机预设为手动接收方式，此时如果接收方无人值守，传真便无法进行。

为此，高档传真机大都配备传真与电话自动转换功能。其实现方式有两种：其一，设置振铃次数（如 2~6 次），且传真机设为自动接收状态，在达到所设振铃次数后仍无人应答，则自动转入传真机自动接收状态。这样不至于出现接收方未及接听就直接转入传真状态的情况。其二，在手动接收和自动接收之间增加第三种状态——传真/电话自动转换状态。在此状态下，当自动发送的传真信号到来时，立即转为传真状态；如果来的是电话，在响铃之后，即可进行通话；如果在通话中得知对方要传真，则按下传真启动键即可；如果在若干声振铃后无人应答，传真机将自动转入自动接收状态。

（九）发方标志功能

传真机的操作者可以将本单位的名称或简称（通常不超过 32 个字符）存入传真机内部的存储器中，在文件传送过程中，接收方的传真机显示屏上会显示出该方标志，并在接受副本的顶部打印出该标志，以便于接受方了解传真文稿的来源。

（十）给出回电信息功能

当接收方传真机不响应发送方的发送请求时，发送机可向接收机发送回叫信息，这些回叫信息会被接收方传真机打印出来，以引起接收方注意。回叫信息主要包括以下内容：请回话，发方标志，回叫的电话号码。

（十一）自动缩小功能

由于收发方传真机的类型不同，其文稿的扫描宽度可能有较大差别。为了使接收方传真机能够完整地接收到发送方的信息，传真机通常具有自动缩小功能。传真机在报文前处理过程中了解到对方文件的有效尺寸后，在正文发送时，自动将文稿尺寸缩小，以适应接收方传真机记录纸的宽度。一般有三种形式：A3→B4、A3→A4、B4→A4。

（十二）文件进稿器的发送功能

传真机的文件进稿器大都能够一次容纳几十张文稿。具体数量因传真机和纸张类型而异。文件进稿器将自动地把这一叠文稿分开，然后逐页地发往接收方。高档传真机还具有根据预先设定将不同页的文稿发送给不同接收者的功能。

（十三）自动切纸功能

部分传真机具有电机带动的切纸机构，在每页文件打印输出后，可自动将纸切下，以保持接收副本的整齐。

（十四）管理报告功能

由于传真机的许多功能是自动实现的，为了让操作者了解这些自动操作的实施情况，如自动传送成功与否，在每次操作完成后，设备会自动记录本次操作的详细工作情况和有关数据。这些记录可根据操作员的设置，在需要的时候或在规定的操作次数后打印出来，供操作人员查验或存档。报告打印出来后，机内的相应内容自动清除，并重新开始记录。

（十五）自我诊断功能

由于事先预置了自检程序，高档传真机一般具有自我诊断功能。当传真机因电路或本身故障而不能正常工作时，其将发出警告声，提示出现故障，同时显示屏上自动显示出故障代码。操作者可根据说明书提供的故障代码表确定故障原因及其处理方法。

以上介绍的功能并非每一台传真机都具备，也并非每个用户都需要具备上述全部功能的传真机。当然，其中的某些基本功能是每台传真机所必备的，如自动接收、复印、请求通话、管理报告等。

七、传真机的安装与设置

传真机的安装需要按照一定的步骤进行，其基本流程如图 2-7 所示。

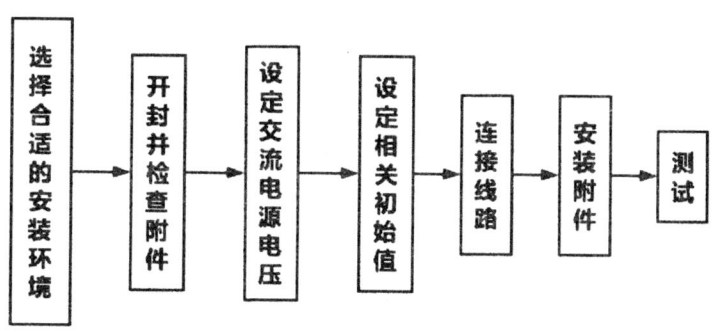

图 2-7　传真机安装步骤

（一）传真机安装环境的选择

在选择传真机安装环境时必须注意以下几点：

①应避免安装在有阳光直射、振动、灰尘较大、温度变化较大的地点。②安装点尽可能远离空调、冰箱等设备，并尽可能避免与这些设备共用一个电源，以避免电磁干扰。③机器放置地应有足够空间供用户操作，放置面应水平，并与墙壁之间留有适当的散热空隙。④要有匹配的、标准化的交流电源插头和插座，电源应符合说明书要求。⑤安装场所应有便于安装的专线或电话线。⑥传真环境应为传真机接地提供良好的接地线，否则传真机可能出现误码率高、传真质量差，甚至会出现漏电、烧毁芯片，危及人身安全的情况。⑦应将空气相对湿度控制在35%～85%之间。

（二）传真机的线路连接

①说明书中的接线图将外线（通常为公用电话网）与传真机上的接线端子（通常标记为 L1、L2）相连接；②将电话机的两条线与相应端子（通常标记为 T1、T2）相连接；③将传真机的电源线插入 3A 以上的电源插座；④将地线与传真机背后的接地端子相连接。

（三）传真机的初始设定

1.硬件开关的设置

根据使用的线路，参照说明书的规定，设定相应的硬件开关。硬件开关主要是一些拨动开关和插拔开关等，通过改变其连接关系，可以改变机器的性能参数。硬件开关设定的主要项目有发送电平、话机状态检测、工作方式变换、使用线路类型及电池的通断等。这些开关通常装在相关的电路板上，通过它们可以改变电路的结构，从而达到改变传真机参数或功能的目的。

2.软件开关的设置

根据传真机使用的环境、外部条件和办公的实际要求，参照说明书中的操作步骤，设定相应的软件开关。所谓软件开关，其实是一组组 8 位（或其他位数）的二进制代码，其中每一组叫一种方式，代表一个方面的内容。每一组的每一位都有特定的含义，或者代表某个功能，或者确定某一参数。当按规定的方法改变软件开关中的某一位时，传真机所具有的某项功能或其所使用的某项参数就被改变，以此满足用户在不同场合下的需要。

软件开关设定的主要项目有：初始传输速率、区域代码、管理报告输出等。

需要指出的是，以上的有关设定并不都是必需的。实际上，传真机出厂时的初始设定已经能够满足一般使用场所的需要。

上述的诸多调整和设定不过是在一些特殊情况下才采取的步骤。例如，在通信总是不成功或是很不顺利的情况下，如果能按照上面的步骤进行调整设定，大都会取得良好的效果。

八、传真机的使用

不同类型和品牌的传真机，内部电路结构和外部面板设置都有较大差别，因而其操作步骤也不尽相同。使用之前，必须先了解传真机的基本原理，阅读所购传真机的使用说明书，并按说明书的规定进行操作。

（一）传真前的准备工作

1.检查线路连接情况

在实施传真操作之前，首先检查有关线路的连接情况，确保传真机后板上的 L 接线端子已与外部通信线路连接，T 接线端子已与电话机连接，电源线已接通，地线也已准确连接。

2.调整"传真/电话"开关

将传真机后板上的"传真/电话"开关拨向"传真"位置。

3.调节传输速率

若传输信道质量较差时,调整机内开关使传真机采用 4 800 bps 或 2 400 bps 的传输速率传真,是否启动自动纠错功能则视情况而定。如传输信道质量较好,可选择 9 600 bps 的高传输速率,并启动自动纠错功能。

4.安装传真纸

为保证传真机的正常工作,安装传真纸时应尽可能注意以下几点:

①记录纸的幅宽必须符合说明书中规定的要求,纸卷两端不能卡得太紧;②注意记录纸的正反向,纸正面应对着感热记录头(无操作经验者可通过在纸张正反面作划痕测试来确定正反,有划痕者为正面);③记录纸的纸头应按照说明书中的规定安装到指定的位置;④记录纸卷要卷紧后再安放到机器内。

5.准备原稿

传真用的原稿必须符合规范,若将不符合规范的原稿进行传真,则会在传真过程中出现卡纸、轧纸、撕纸等故障,为此必须注意以下几点:

①原稿不应大于说明书中规定的最大幅面,也不应小于最小幅面(两侧导纸板之间的最小距离,或文件传感器所能检测到的最小距离);②切忌使用过厚或过薄的原稿(通常指原稿厚度大于 0.15 mm 或小于 0.06 mm),若需传送这些稿件内容,应对这类原稿复进行印,使用符合规范幅面的复印件代替原件作传真用原稿;③切忌使用严重卷曲、破损或残缺的原稿,对这类原稿同样应采用其符合幅面规定的复印件代替原件作传真用原稿;④原稿上的大头针、回形针等硬物必须清除干净。

6.放置原稿

放置传真原稿时必须注意以下几点:

①一次放置的文件页数不能超过规定的页数;②文件面的朝向(向下或向上)必须符合说明书的规定;③文件顶端要推到能够启动自动输纸机构的地方;

④发送多页文件时，两侧要排列整齐，靠近导纸板，前端要摞成楔形。

（二）传真前的测试

为检查传真机能否正常工作，在正式传真之前往往启动"复印"功能来对传真机进行测试。因为传真机的复印过程实际上是自发自收的过程，若复印文件的图像正常，则表明机器的收、发功能均正常，各项技术性能符合要求。反之，说明传真机有故障，需要修理。复印的具体操作步骤如下：

①接通电源开关，观察"就绪"指示灯是否亮起或机器液晶显示屏是否出现相应指示字样；②将欲复印的原稿按规范置于原稿导板上；③选择扫描线密度的档次，一般置于"精细"级，也可选择"标准"级或"超精细"级，不管选择哪个档次，均有液晶显示或指示灯显示；④当原稿图文很黑时，将"原稿深浅"键置于"浅色"位置；⑤按动复印键，根据输出复印件的质量来判断机器的状况。需要指出的是，不是每次传真前都需要进行这样的测试，传真前测试通常用于新传真机的安装或传真机修理、重新调整之后。

（三）发送传真

发送传真有两种不同情况：发送之前不通话和发送前需要通话。

1. 发送之前不通话

操作步骤如下：①检查传真机是否处于"就绪"状态；②放置好发送原稿；③选择扫描线密度和灰度；④摘机并拨接收方电话，监听对方的应答信号（长鸣音）；⑤收到应答信号后按启动键，这时发送指示灯亮或液晶显示屏显示相应提示，表明机器开始发送文件；⑥挂机后等待发送结束并收取对方记录报告；⑦根据报告显示的发送情况决定是否需要重发，直至无误为止。

2. 发送前需要通话

操作步骤如下：①②③步如上文所示；④摘机并拨接收方电话，等待对方回答；⑤双方通话；⑥通话结束，由接收方先按启动键；⑦当听到接收方的应答信号后,发送方按下启动键,开始发送传真;⑧挂机后等待发送结束并收取对方记录报告,根据报告决定是否需要重发,直至无误为止。

3.发送传真时的注意事项

①按下"停止"键后,发送立即停止,此时停止在传真机中的原稿不能强行抽取,必须掀开盖板后小心取出(有些传真机在用户按下"停止"键后会自动退出原稿);②发送传真期间,切忌强行抽取原稿,否则会损坏机器和原稿;③当出现原稿阻塞现象时,应先按 "停止"键,然后掀开盖板小心取出原稿,若原稿出现破损,必须将残片取出,以免导致机器运转故障;④若听到对方的回铃音,但听不到传真机的应答信号,不要急于按下"启动"键,应问明对方具体原因。

(四)接收传真

接收传真分自动接收与人工接收两种情况。

1.自动接收

自动接收前首先要检查接收机内是否有记录纸,各显示灯或液晶显示屏是否正常,只有在接收机处于"就绪"状态才能自动接收。自动接收操作步骤如下:

①电话振铃声响,机器自动启动,液晶显示屏显示"接收"或接收指示灯亮起,表示接收开始;②接收结束,传真机自动输出传真副本,"接收"指示灯熄灭或液晶显示屏上的"接收"字样消失。

需要指出的是,有些传真机没有自动接收功能。

2.人工接收

人工接收的操作步骤如下:

①做好接收前的各项准备工作,使传真机处于"就绪"状态;②电话振铃声后摘机与发送方通话;③通话完毕,按发送方要求按"启动"键,开始接收;④挂机;⑤若接收出错或接收的文件质量不佳,应与发送方联系,请求重发,

模块二　办公通信设备

直至满意为止。

（五）查询发送

所谓查询发送是指在发送方已经放置好文件原稿并按下"查询"键的情况下，由接收方控制发送方自动发送传真的方式。

1.采用查询发送方式时发送方的操作步骤

①设置查询发送的密码；②放置好待发送的文件原稿；③选择扫描线密度和对比度；④按"查询"键，指示灯亮起，查询发送准备就绪。

2.采用查询发送方式时接收方的操作步骤

①输入发送方提前设置好的查询密码；②拨打发送方电话；③听到发送方的应答信号后，按"查询"键，接收指示灯亮起，开始接收文件。

九、传真机的日常维护

日常维护直接关系到传真机的传真质量与使用寿命。为保证传真机始终处于良好的工作状态，操作人员必须了解传真机的工作原理与基本性能，定期对传真机进行清洁和检查。清洁和检查的项目一般以操作使用手册中的要求为准。若丢失了操作使用手册，操作人员可按照下表2-1所列的项目和方法对传真机进行日常维护。

表2-1　传真机维护项目与方法

序号	项目	方法
1	外壳、托盘	用净而软的布擦拭
2	反光镜	用吹气毛刷清洁灰尘
3	输纸辊	清除纸屑、碎片等杂物
4	荧光灯	用软布擦拭灰尘；两端严重发黑者，应考虑更换
5	机械传动部分	适量加油，使其运转良好

续表

序号	项目	方法
6	压纸辊	用干布去除灰尘等脏物，忌用酒精
7	传感器	检查是否灵敏、接触良好
8	切纸刀	清除纸屑杂物
9	内部	清除纸屑、纸条等杂物
10	图像质量	复印样张，对照加以鉴别
11	整机性能	通过线路进行测试
12	文件分离器	检查多页分离情况，及时调整
13	感热头	清洁感热头：用脱脂棉蘸酒精擦去污垢，禁用镊子等尖利器物。清洁时要断电

任务三　移动通信设备

一、移动通信概述

移动通信是指通信双方或至少其中一方在运动状态中进行信息传递的通信方式。移动通信不受时间、空间的限制，交流信息机动灵活，迅速可靠，被认为是理想的通信手段之一，具有广阔的发展前景。

移动通信的发展，可以追溯到20世纪20年代。这一时期，人们开展了通信实验和电波传输试验工作，在短波频段上开发出了小容量专用移动通信系统，其话音质量差，自动化程度低，一般不能与公众网连接。20世纪40年代至60年代，各种移动通信系统相继建立，在技术上实现了移动通话系统与公众电话网的连接。20世纪70年代中期后，民用移动通信用户增加，频率资源匮缺，移动通信发展的重点转向了新频段的开发和频谱的有效利用上。

美国贝尔实验室提出的蜂窝组网理论带来了移动通信技术的一场革命。蜂窝组网放弃了传统移动通信的点对点传输和广播覆盖模式，将一个移动通信服务区划分为许多以正六边形为基本几何图形的蜂窝小区。一个较低功率的发射机服务一个蜂窝小区，在较小的区域内设置相当数量的用户。当蜂窝小区用户数量增大到一定程度而使频道数不够用时，将采用小区分裂的方式将原蜂窝小区分裂为更小的蜂窝小区。由于各蜂窝小区采用低功率发射，因而同一频率可以在相隔一定距离的不同小区重复使用，通过与小区内多频道公用技术和越区切换技术的结合，蜂窝组网有效解决了常规移动通信系统频谱匮乏、利用率低、容量小等问题。

我国于1987年开始发展公共移动通信，先后在北京、上海、广州等地开通了小区制、大容量蜂窝移动通信业务。1993年9月，浙江嘉兴首先开通了国内第一个数字移动通信网。1994年10月，国内第一个省级数字移动通信网在广东省开通。1995年，我国建成了覆盖全国的模拟TACS制式移动网。2002年，中国联通推出了全新的码分多址移动通信系统……

移动通信按用途、频段、制式、入网方式等，可分为不同类别。按使用对象，可分为军用移动通信系统、民用移动通信系统；按用途和区域，可分为陆上移动通信系统、海上移动通信系统和空间移动通信系统；按经营方式，可分为公众移动通信网、专用移动通信网；按组网形式，可分为单区制移动通信网、多区制移动通信网、蜂窝制移动通信网；按无线电频道工作方式，可分为同频单工移动通信、异频单工移动通信、异频双工移动通信；按信号性质，可分为模拟移动通信系统、数字移动通信系统；按信号调制方式，可分为调频移动通信、调相移动通信、调幅移动通信等；按多址复接方式，可分为频分多址移动通信系统、时分多址移动通信系统、码分多址移动通信系统等。

移动通信系统是通信领域发展最快的分支。其中蜂窝式公共移动通信系统已成为公共通信网极其重要的组成部分。

二、数字蜂窝移动通信网络的主要业务

数字蜂窝移动通信网络为用户提供三种服务：基本服务、补充服务和漫游服务。以下以 GSM（全球移动通信系统）为例，介绍数字蜂窝移动通信网络的各项业务。

（一）基本业务

GSM 的基本业务有：电话服务、短信息服务、语音信箱服务和传真、数据通信服务。

1. 电话服务

用户购买移动电话机和 SIM 卡，登记入网并缴纳相关费用后即可直拨国内和国际长途电话。

2. 短信息服务

短信息服务是指用户利用手机直接发送和接收文字或数字信息，功能类似于寻呼机。用户只要向手机输入被叫方的电话号码及待发短消息，再通过功能键选择短信息发送，手机就能将短信息自动发往短信息服务中心，由该中心将短信息转送给对方。

3. 语音信箱服务

语音信箱服务是指用户利用手机收听对方留言。语音信箱是存储声音信息的设备，当被叫方无法接通时，主叫方可以拨打被叫方的语音信箱，留下语音信息。被叫方语音信箱存储有未收听的语音信息后，手机上会有相应的提示，此时，选择手机上收听语音信箱的功能即可获得语音留言。语音信箱服务有三种操作：用户留言，用手机提取留言，用户用其他电话提取留言。

4. 传真、数据服务

GSM 手机用户可在手机上连接一个计算机的 PCM-CIA 插卡，然后将此卡

插入个人电脑,即可发送、接收传真和数据。

(二)补充服务

补充服务是对上述基本服务的改进和补充,与基本服务同时提供给用户。绝大部分补充服务需借助于市内电话网进行,但也有少数项目是为了适应用户的移动性而开发的。用户在购买SIM卡时,可同时申请办理补充服务,只有在取得使用权后才能使用补充服务。

GSM为用户提供的补充服务项目很多。用户使用或不使用某项补充服务,可在手机上设定。若不明确是否正在使用某项补充服务,可在手机上查询。GSM目前向用户提供的补充服务主要有以下几项。

1.呼叫转移服务

呼叫转移是GSM根据用户的设定,将所有对该用户的呼叫(电话、短信息或传真等)转移到此用户事先设定的某个电话号码上。该号码可以是市内电话、手机或语音信箱的号码。呼叫转移有下列四种方式可供选择。

(1)无条件呼叫转移

网络将每次对该用户的呼叫全部转移到另一个设定的电话号码上。

(2)遇忙呼叫转移

在用户通话忙音时,网络将对该用户的呼叫转移到另一个设定的电话号码上。

(3)无应答呼叫转移

在被叫用户无应答时,网络将对该用户的呼叫转移到另一个设定的电话号码上。

(4)不可及呼叫转移

在被叫用户不可及时应答时,例如被叫用户未开机、没有SIM卡、网络信号覆盖区域无信号等,网络将对该用户的呼叫转移到另一个设定的电话号码上。

2. 呼叫限制服务

呼叫限制是 GSM 根据用户的要求,将该用户拨出的呼叫,或其他用户对该用户的呼叫进行限制,被限制的项目不予接通。呼叫限制有下列五种方式可供选择。

(1) 闭锁所有出局呼叫

网络不允许用户拨出呼叫,此时用户只能接收别的用户拨来的呼叫。

(2) 闭锁所有国际出局呼叫

网络不允许用户拨出国际呼叫,此时用户只能拨打国内的用户。若用户在其他国家,也只能拨打所在国的国内用户。

(3) 闭锁除归属国以外所有国际出局呼叫

用户在国际漫游时,只能拨打自己归属国的国际呼叫,网络将不允许用户拨打其他国家的国际呼叫。

(4) 闭锁所有入局呼叫

网络将不允许用户接收呼叫。

(5) 漫游出国,闭锁所有入局呼叫

用户在国际漫游时,网络将闭锁所有入局呼叫。

3. 主叫号码显示服务

主叫号码显示是 GSM 为用户提供的来电号码显示功能,使用户在应答之前了解呼入方的信息。该功能与手机本身具有的电话本功能结合可以立即显示来电者的姓名等信息。

4. 呼叫等待服务

呼叫等待是 GSM 网络为用户提供的在被搁置电话和当前通话电话之间切换的功能。它能够使用户将当前的通话搁置,然后接听另一个来电。

5. 电话会议服务

电话会议是 GSM 为用户提供的,能够将本方与多个通话方共同连接起来,组成电话会议的功能。在电话会议进行过程中，用户可以随时增加新成员或从电话会议中分离出某个成员。

三、移动电话机

移动电话机亦称移动电话、手提电话、无线电话、携带电话、流动电话，简称手机。用户利用移动电话机（即移动台），通过基站和移动电话交换设备进行通话，或通过与公用电话网相连，从而实现通话的电话业务。移动电话机是移动通信系统的用户终端。目前市场推出的移动电话机类型繁多，性能各异。

（一）移动电话机的类型

移动电话机类型可以从多个角度来划分。譬如，从外观进行分类，从用户群进行分类，或从性能进行分类。

1. 从手机的外观进行分类

从手机的外观进行分类，可分为以下几类。

（1）直立式

直立式（也称直板式）手机就是指手机屏幕和按键在同一平面，无翻盖。直立式手机的主要特点是可以直接看到屏幕上所显示的内容。

（2）折叠式

柔性 AMOLED 屏幕的研发使得折叠屏手机成为可能。目前的折叠屏手机主要有外折、内折、翻盖三种设计方案。

（3）滑盖式

滑盖式手机主要是指手机要通过抽拉才能见到全部机身。有些机型通过滑动下盖才能看到按键；而另一些机型则是通过上拉屏幕部分才能看到键盘。从某种程度上说，滑盖式手机是翻盖式手机的一种延伸及创新。

（4）腕表式

腕表式手机主要是戴在手上像手表一样的手机，其设计小巧，功能方面与普通手机并无两样。比如，儿童可佩带的电话手表就属于这一类型。

2. 从手机的性能进行分类

从手机的性能进行分类，手机可分为下述种类。

（1）商务手机

商务手机，顾名思义，就是以商务人士等用户作为目标用户群的手机产品。由于功能强大，商务手机备受青睐。一部好的商务手机，应该既能实现快速而顺畅的沟通，又能帮助用户高效地完成商务活动。

（2）拍照手机

拍照手机集手机和数码相机的功能于一体，它的方便之处在于便携性强，用户可以随时随地用它进行拍照。拍完的照片可以多媒体短信的形式发送给亲朋好友，即拍即发，方便快捷。拍照手机一般提供了照片编辑功能，用户可以把拍摄的照片做成手机的开关机画面、壁纸等，因此拍照手机的个性化功能更加强大。

（3）老年人手机

老年人和年轻人一样，也需要属于他们自己的手机。老年人手机具有很多实用功能，如大屏幕、大字体、大按键、大通话音量等。

不仅如此，老年人手机还应具有提高老年人生活品质的功能。例如外放收音机、播放京剧戏曲、一键求救（按键后发出高分贝的求救音，并同时向指定号码拨出求救电话、发出求救短信），还可提供日常菜谱、买菜清单等。

（4）音乐手机

音乐手机，其实就是除电话的基本功能（打电话、发短信等）外，更侧重音乐播放功能。其特点是音质好，播放音乐时间持久，有音乐播放快捷键等。

（5）游戏手机

游戏手机，也就是较侧重游戏功能的手机。其特点是机身上有专为游戏设置的按键或方便于游戏的按键,屏幕一般也不会小。

(二)移动电话机的功能

移动电话机应具备实现移动话网各项业务的功能,诸如电话服务、短信息服务、语音服务、呼叫转移、呼叫限制、漫游服务等。换言之,移动话网的各项功能是在与移动电话机的配合之下实现的。由于移动电话机自身性能的提高,在实现移动话网各项业务的同时,还衍生出更多、更实际的功能。这些功能有些是对话网业务的实现及补充,有些则是话网业务之外的功能。移动电话机的具体功能因话机品牌、型号的不同而有所区别,但话机本身的主要功能不外乎以下方面。

1.通话功能

语音通话尤其是漫游,是移动电话机的基本功能。移动电话机在办理了入网手续,并向移动网络服务商申请了漫游服务后,即具有该项功能。

2.发送和接收短信息的功能

移动电话机基本上支持移动网络的短信息功能,通过向网络服务商申请并在话机上设定短信息收件箱后,移动电话机能够像电报那样发送与接收文字信息。通常,移动电话机收到新的短信息时会予以提示,收到的短信息在收件箱内按从新到旧排序,编辑发送出去的短信息按发送与否分别置于已发送信息箱或待发送信息箱。

3.发送和接受传真或数据的功能

现在大部分移动电话机均支持移动网络的传真或数据传输功能,通过向网络服务商申请并在移动电话机上设置后,可以连接到计算机上发送和接收数据或传真。利用该功能,用户可以将计算机中的数据传送到其他设备上,或从其他设备向用户的计算机传输数据。

4.保密限定功能

为了限定移动电话机某些功能的使用权限,其通常具有保密限定功能,即可以预先设定移动电话机的解锁码、保密码。移动电话机加锁后,当有短消息进入时,话机仍有振铃声,但必须解锁后才能查看。设定保密码后,移动电话机上的某些功能必须在用户输入正确的保密码后方能使用。

5.浏览因特网功能

目前移动电话机大都具有上网功能,这些移动电话机已内置网络浏览器,通过事先向网络服务商申请并在手机上设定上网拨号连接的号码、上网形式和主页等,将移动电话机与互联网建立联系,用户在需要时就可以通过启动浏览器上网冲浪。

6.呼叫记录显示功能

在移动网络的支持下,移动电话机具有显示来电号码的功能,使用户在应答前知道呼入方的信息;通过内置存储器,移动电话机可按次序存储一定数量的去电号码。通常,除来、去电号码外,移动电话机还将同时记录每一个来、去电的日期与时间,如果呼入、呼出方的姓名已存储在电话簿中,话机还将自动显示呼入、呼出方的姓名。

7.重拨前次呼叫号码功能

移动电话机将记忆最近一次的拨出号码,用户只需再次按动拨出键,即可再次呼出该电话。此外,在对方电话无法接通的情况下,移动电话机可设置自动重拨若干次。

8.设置振铃方式功能

移动电话机内通常存储多种铃声、乐曲或振动方式供用户选择,部分移动电话机还具有自创建或下载铃声、乐曲的功能。用户可为来电、来信等不同类型的事项设定个性化的声音或振动方式。

9.呼叫转移功能

移动电话机大都支持移动网络的呼叫转移功能。通过向网络服务商申请并在移动电话机上设置，用户可实现将呼入的电话呼叫直接转移到另一部电话上。

10.限制呼叫功能

移动电话机大都支持移动网络的限制呼叫功能。通过向网络服务商申请并在移动电话机上设置，用户可以让移动电话机有选择地禁止呼入或呼出。例如，使所有通话仅限于国内电话，限制漫游时通话等。

11.电话号码簿功能

所有移动电话机均设有记录电话号码信息的号码簿，用户可在该号码簿中存储电话号码信息（可存储号码的数量取决于话机内存的大小），号码簿中通常存储着通话人的姓名及其电话号码。对存储的电话号码信息，话机提供编辑、按某种方式排序、检索和选定后拨出的功能。需要指出的是，电话簿中记录的电话号码信息，既可存入移动电话机的内存中，也可存入 SIM 卡中，两者之间可以复制、移动，SIM 卡能够存储电话号码的数量取决于移动网络服务商。

12.拨打紧急电话功能

大多数移动电话机在任何条件下都能呼叫一个或更多个紧急号码（紧急电话号码由移动网设定，如 110、120 等），即使在话机锁定、SIM 卡未插入、SIM 卡无效或锁定的状态，也能呼出这些紧急号码。

13.快速拨号功能

快速拨号功能可以使用户以最少的按键拨打电话。在使用快速拨号功能前，需进行设置，将需要设置为快速拨号的电话号码预先存为"快速拨号 1""快速拨号 2"等。

14.记录通话时间功能

移动电话机能够自动记录每次通话的时间、来电和去电的总时间。

15.语音记事功能

移动电话机一般具有语音记事功能，可以随时录制个人信息或在通话过程中录制通话内容，并在以后需要时重放语音信息。

16. 相关设置功能

除上述功能外，移动电话机还有许多上述功能的附属功能，对移动电话机相关属性的设置便是其中之一。例如，移动电话机中文输入方式的设置、上网浏览器的设置、短信息显示的设置、语音信箱连接的设置、应答方式的设置等。

17. 非通信性功能

几乎所有移动电话机都会提供日期、时间显示、闹钟、日程安排、计算器等非通信性功能。

任务四　数据通信网络

一、数据通信网络概念

在办公活动中，信息传递的形式、手段和方法不断变化。早期的办公通信主要借助于电话通信网，采用电话、传真等手段进行。移动通信技术的发展和移动通信网络的构建，使移动电话机成为办公通信的又一个有效手段。20世纪60年代起，数字技术与通信技术进一步结合，数字通信技术开始由试验走向应用，基于数据通信网络的数据通信逐步成为办公通信的主要手段。

办公通信的数字化早在第三代数字传真机诞生前即已开始。数字传真机将拟传输的图文信息数字化，通过调制解调技术将数字信息加载在模拟信号上，借助电话线这一模拟信道完成对数字信息的传输。由于信息的数字化传输具有高效率、高保真等优点，以数字信道代替以往的模拟信道成为通信发展的必然趋势，数据通信网络应运而生。事实上，20世纪末建立起来的GSM移动通信网即可看成数据通信网络的一个实例。随着办公活动中信息处理的计算机化和我国网络基础设施的不断发展，数据通信网络正逐步代替传统的通信渠道，日益成为对内、对外传递办公信息的主要渠道。

数据通信网络，从通信的角度来说，是所有传递、处理数字化信息的信息传输网络，网络内的信息在处理和传递过程中始终以数字信号的形式存在。

数据通信网络是相对于模拟通信网络而言的，两者的区别在于网中信息是以数字信号还是模拟信号的形式存在。无论数据通信网还是模拟通信网，两者可传输的信息源都是十分广泛的，包括图、文、声、像、数等各类信息，它们既可以是数字信号（如 ASCII 码），也可以是模拟信号（如声音图像）。由于数据通信网络以数字信号传递信息，因此这些拟传输的图、文、声、像、数等模拟信息在进入网络之前需要进行数字化，转换为数字信号。

数据通信网络的核心是计算机，因此人们习惯上将其称为计算机网络。在物理结构上，数据通信网络可以看成众多互相连接的计算机的集合，它们以实现信息交流和资源共享为目的，以遵循网络协议为准则，通过软、硬件设备相互连接，共同构成一个信息处理和信息传输的网络系统。网络中的任何一台计算机均可远程共享网络中的软件、硬件和数据资源，零距离地与其他终端通信交流。

二、数据通信网络的种类

数据通信网络可以从不同角度进行分类。

按网络的分布范围和连接计算机的规模，数据通信网络可分为局域网、广域网、城域网三种类型。

局域网是处于同一建筑物、同一单位或方圆几公里地域内的专用数据通信网络，为一个单位所独有。局域网的覆盖范围比较小，具有多种网络拓扑结构，通常使用高速通信线路连接，网上信息传输的速度较快。

广域网也称为远程网，是跨越大地域的数据通信网络，分布范围通常为几十千米至几千千米。它能连接多个地区、城市和国家，或横跨几个洲并能提供远距离通信，形成国际性的远程网络，其通信干道的传输速率远低于局域网。

城域网也称市域网，是连接距离在 5～50 km 之间，分布范围近于一个城市区域的数据通信网络，其通信干道的信息传输速度介于广域网和局域网之间。

按网络的使用范围，数据通信网络可划分为公用网和专用网。

公共网是对整个社会提供服务的、开放性的信息网络平台，一般由国家电信部门搭建。

专用网是某部门、某行业因特殊业务的需要而搭建的网络，不向外界提供服务。例如，军队、铁路等系统搭建的网络。

按网络的基本功能，数据通信网络可从概念上区分为数据通信网和数据资源网两个层面。

数据通信网是指以提供信息通信环境为建设目标，由数据化信息处理设备和数据通信设备连接组成的物理网络。换言之，数据通信网建设的侧重点是信息传递的物理环境，而非信息资源。

数据资源网是指以提供信息资源为建设目标，建设在数据通信网之上，借助数据通信网联结网上各资源节点的信息网络。换言之，数据资源网的侧重点是信息资源建设，而非网络的通信环境。

按网络拓扑结构数据通信网络还可分为星形网、总线网、环形网等。

办公活动中可能利用和涉及各种类型的数据通信网络。例如，在单位内部建立局域网，在局域网络环境中实现网上办公；在整个系统或行业范围内构建跨地区的专用网，实现全系统范围的行政管理与业务工作；利用公共数据通信网络，建立宣传服务网络，发送电子邮件，收集信息资源等。

三、数据通信网络的基本构成

如前所述,数据通信网络是众多互相连接的计算机的集合。典型的数据通信网络的构成如图2-8所示。

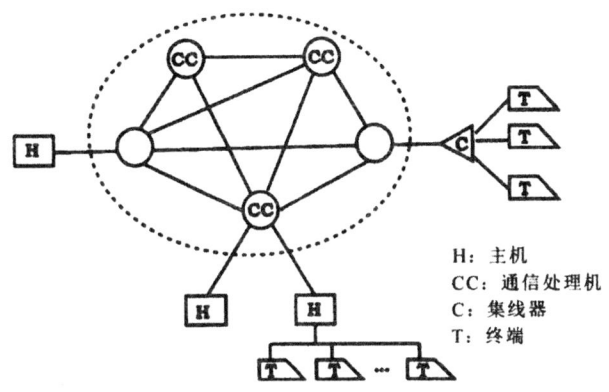

图2-8 数据通信网络的基本构成

从图中可以看出,数据通信网络可以分成用户子网和通信子网两个部分:用户子网负责信息处理和向用户提供各种网络资源和网络服务;通信子网负责信息转发、传输。

(一)用户子网

用户子网由主计算机、终端、通信控制设备、联网外部设备、各种软件资源等组成。

主计算机是用户子网的主要组成部分,负责信息处理任务,拥有各类可共享资源(如数据库、应用程序等)。主计算机可以是单机,也可以是多机系统。

终端是用户访问网络的界面。终端的种类很多,有只具备简单输入、输出功能的哑终端,也有带微处理器的智能终端。终端可以通过主机连接入网,也可以通过通信控制设备连入网内。智能终端也可以和节点处理机直接相连。

通信控制设备也称数据传输设备，是为终端提供入网手段的设备，包括集线器、信号变换器等。集线器设置在终端较为集中的地区，其作用是将多个低速终端用低速线路集中起来，再通过高速线路与节点处理机相连，以提高通信线路的利用率，降低通信费用。信号变换器可以将一种信号转换成另一种信号，典型的信号变换器有调制解调器、编码译码器等。

（二）通信子网

通信子网由节点处理机、通信线路及驻留在这些设备中的软件组成。

节点处理机，也叫通信处理机或前端处理机，是一种专用计算机，一般由小型机或微型机配置通信控制硬件和软件组成。主要具有以下三种功能：实现用户子网与通信子网的接口协议，接收/发送用户信息；对入网的信息提供转接；对入网的信息提供路径选择、对网络流量进行监控等。

通信线路，是用来连接上述组成部件的物理链路。通信线路有不同的物理介质、不同的信息传输速率（线路带宽）。

通信子网有结合型、专用型、公用型三种。结合型通信子网将通信子网和用户子网结合为一体，没有独立形态的通信子网，局域网属于这种类型；专用型通信子网是为单一网络而建立并提供服务的通信子网；公用型通信子网是为多个网络提供服务的通信子网，换言之，在此通信子网上可建成众多数据通信网络，这样的通信子网即所谓的"公共数据网"。

四、数据通信网络的体系结构

数据通信网络中，每一用户子网，乃至每一台主计算机、终端均可看成一个相对独立的信息系统，建立数据通信网络的目标是实现所有这些入网信息系统之间高效率的信息交换和资源共享。由于不同的信息系统可能使用完全不同的操作系统，或采用不同标准的硬件设备，为了使不同的信息系统能够顺利通信，通信双方必须遵守共同的规定和约定，如通信过程的同步方式、数据格式、编码方式等，否则，通信功能根本无法实现。这些为进行网络中的信息交换而建立的规则、标准或约定称为网络协议。

数据通信网络上的通信相当复杂，如果用一个协议规定通信的全过程，该协议将会是"一团乱麻"。为此，人们采用"分而治之"的思想将数据通信网络的通信功能逐级分解为若干层子功能。

在数据通信网络的结构层次中，每一层都直接使用下层向它提供的服务，并在实现其自身的功能后，向上层提供"增值"后的更高级的服务。这种"增值"实际上是功能的累积，经过各层执行一定的子功能，到最上层则累积成了所需的复杂功能。

在实际系统中，通信双方的服务请求是由高层向低层逐层传递下去的，在另一端则从下向上逐层提供服务。网络通信功能分层结构的采用，使得原本可能"一团乱麻"的网络协议变得简单、可行。相应于网络通信功能的分层结构，网络协议也分为若干层，每层规范一个子功能。

基于上述思想，国际标准化组织为计算机数据通信网络制定了 OSI（开放系统互连）参考模型，将计算机网络体系结构分为 7 层：物理层、数据链路层、网络层、传输层、对话层、表示层、应用层。在这些层中，每一层都建立在下一层的基础上，并利用下一层提供的服务来实现自身的功能，同时向上一层提供服务。

需要指出的是，除 OSI 参考模型外，市场上还流行着其他一些著名的网络体系结构，特别是早在 OSI 出现之前即已存在的 TCP/IP（传输控制协议/网际协议）。虽然 TCP/IP 不是国际标准，但因其简捷、高效，更因因特网的流行，使遵循 TCP/IP 的产品大量涌入市场，TCP/IP 成了事实上的国际标准。

五、数据通信网络的传输介质

数据传输介质是指传输信息的载体，它是数据通信网络的重要组成部分。传输介质的种类很多，但可分为两个基本类别：一类是有线介质，包括双绞线、同轴电缆、光导纤维等；另一类是无线介质，包括微波、卫星通信等。

（一）有线介质

1.双绞线

双绞线由相互缠绕在一起的一对细绝缘铜线组成，缠绕的目的是减少电磁干扰。双绞线常用于电话系统，它既可传输模拟信号，又可传输数字信号。双绞线的带宽取决于线的粗细和传送的距离，在几千米范围内传输数字信号时，带宽可达到 10 Mb/s。双绞线分为非屏蔽双绞线和屏蔽双绞线两种。非屏蔽双绞线由多对双绞线和塑料外皮构成；屏蔽双绞线的外层用铝箔包裹，以减小影响信号传输的电磁干扰，但成本比非屏蔽双绞线高。

双绞线的主要缺点是：抗电磁干扰能力较差，尤其是非屏蔽双绞线；不适合远距离传输信号。

2.同轴电缆

同轴电缆共 4 层，其内部共有两层导体排列在同一轴上，所以称为"同轴"。最内层中心导体的主要成分是铜，外层以绝缘层包裹，绝缘层外为导体网（外导体），其外再裹以保护皮（如图2-9）所示。与双绞线相比，同轴电缆具有更高的传输速度、更强的抗干扰能力和更远的传输距离，但布线较困难，成本较高。根据内导体外径和外导体内径尺寸的不同，同轴电缆分为中同轴、小同轴和微同轴等多种规格。

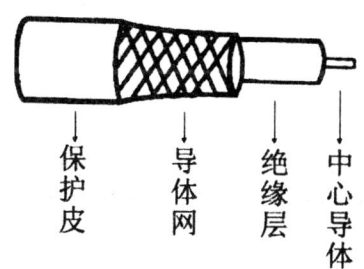

图 2-9　同轴电缆结构示意图

3.光导纤维

光导纤维简称光纤,是传送光信号的介质。光纤利用各种玻璃、塑料制成。光纤的结构呈圆柱形,内部是纤芯,其直径约 5～75 μm;外部是包层,其直径约 100～150 μm;最外层是塑料涂层,用以保护纤芯。纤芯的折射率高于包层,因而可以使光聚集在纤芯与包层的界面上并向前传播,形成光导波。如果纤芯比较细,则光在光纤中的传播只有一种模式,这种光纤称为单模光纤。反之,称为多模光纤。单模光纤比多模光纤具有更高的传输速度。由于光纤非常细,单根光纤的强度很难满足人们的使用需要,所以一般用多根光纤做成光缆。

光纤具有传输容量大、误码率低、不受电磁或静电的干扰、体积小、重量轻、损耗小等优点。缺点是较为昂贵、比较脆弱、不便铺设。目前,光纤已成为长途干线和局域网主干网的主要传输介质。

(二)无线介质

除上述物理线路外,信号还可以通过电磁波在空气中传播,如微波接力、卫星通信等。

微波沿直线传播,由于地球表面是曲面,加上高大建筑物和气候的影响,微波在地面上的传输距离有限,一般只有 40～60 km。远距离传输时,需要设置中转站，一站接一站地传送信息，这种方式称为微波接力。微波通信具有通信容量大、传输质量高、初建费用小等优点，缺点是保密性差。

卫星通信实际上也是一种微波通信，它以卫星作为中继站转发微波信号，在多个地球站之间通信。一般来说，地面通信的成本与距离成正比，而卫星通信的成本与距离无关，因此远距离通信往往采用卫星通信。卫星通信还具有通信容量大、可靠性高等特点，卫星通信原理如图 2-10 所示。

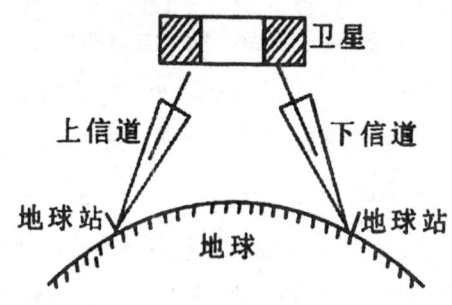

图 2-10　卫星通信原理示意图

六、数据通信网络的常用通信设备

通信网络的连接与控制设备非常多，但办公管理人员可能接触到的相关硬件却十分有限，主要是办公局域网中的一些连接和控制设备，例如调制解调器、网络适配器、集线器、中继器等。

（一）调制解调器

调制解调器的作用是实现模拟信号与数字信号之间的转换。数据通信网络借用模拟信道传输信号仍是常见现象，当用模拟信道传送数字信号时，就必须在数据信息源与模拟传输信道之间加入调制器，在传输信道与数据接收端之间加入解调器。通常，调制器和解调器安置在同一机盒内，因为传输信号时总是既有发送又有接收，发送时使用调制部分，接收时使用解调部分，调制解调器是它们的总称。

调制解调器种类繁多，从它所采用的传输介质来看，可分为有线型和无线型；从它的工作模式来看，又可分为同步型和异步型；按与计算机连接方式来分，可分为外置式、内置式和 PC 卡式三种。外置式调制解调器与计算机的串行口连接，另一端与电话线相连，一般需要另接电源；内置式调制解调器，即调制解调器卡，可以直接插在计算机的扩展槽中，通常无须外接电源，具有价格便宜的特点；PC 卡式调制解调器是专为笔记本电脑设计的，它只有一张名片大小，可以直接插在笔记本电脑的标准 PCMCIA 插槽中使用。

（二）网络适配器

网络适配器又称网卡或网络接口卡，是计算机与网络的接合部件，主要功能是对串、并行数据的转换、装配、拆除数据链路层帧和实现介质存取访问功能等。网络适配器有多种类型和品牌，通常要根据网络类型，计算机的总线类型、总线宽度及网络传输介质来决定用哪种网络适配器。不同的网络类型，不同的总线类型、总线宽度和传输介质，需使用不同的网络适配器，否则计算器将因存在匹配问题而无法运行，从而造成不必要的损失。不管何种总线类型，影响网络适配器性能价格比的因素主要有下述四种：媒体访问方法、原始的比特速率、网络适配器上有无处理器、网络适配器与计算机的传送方式。

（三）集线器

集线器是若干终端与网络主机中间的连接设备，在终端比较集中的区域，使用集线器将这些终端集接起来，再用高速线路将集线器连接到网络主机或节点。目前市场上的集线器按功能的强弱可分为低、中、高三档。

早期的低档集线器仅将分散的用于连接网络设备的线路集中在一起，以便于管理和维护，故又称为集中器。低档集线器是非智能型的，通常有 8 个或 16 个端口，每个设备可使用无屏蔽双绞线连接到一个端口上，而低档集线器本身又可连接到粗同轴电缆或细同轴电缆上。由于价格低廉，这类集线器被广泛用于连接局域网设备。中档集线器具有一定的智能性，又称低档智能集线器，它在低档集线器的基础上增加了一些新的功能，如配置了网桥软件，可以连接多个同构局域网等。这类集线器具有多个插槽，供插入多个相连的局域网络的网卡。高档集线器又称为高档智能集线器，它是为组建企业网而设计的，由于企业网往往配置多种不同类型的网络，因此，高档集线器通常具有支持多种协议、多种介质的功能。

（四）中继器

中继器是在局域网环境下用来延长网络距离的互联设备，其功能是对传输信号的放大再生。信号在介质上传输时，其强度将不断衰减，因而传输距离有限，中继器将从一条电缆上接收到的信号进行再生，并发送到另一条电缆上，在实现这一功能时它不需要任何智能或算法，因此它是一个纯粹的硬设备，工作于物理层。中继器具有安装容易、使用方便等优点。

七、办公局域网

局域网是数据通信网络的一种，形成于 20 世纪 70 年代，此后获得了飞速发展和广泛应用。目前办公局域网已相当普遍，主要用途是：共享打印机、绘图机等费用较高的外部设备，通过公共数据库共享各类信息，向用户提供诸如电子邮件之类的服务，在局域网通信环境之上运行高级办公管理软件，实现办公自动化。

（一）局域网的硬件设备和操作系统

完整的局域网络体系包括硬件设备和系统软件平台两部分。

就硬件设备而言，构筑一个局域网的硬件不外乎以下四类部件：计算机、传输介质、网络适配器（网卡）和将计算机与传输介质相连接的各种连接设备。各类网络硬件设备已在前面作了介绍。

局域网的系统软件平台即局域网的网络操作系统，它是向连入网络的所有计算机用户提供各种服务，控制和管理局域网正常运行的操作系统。与运行于单机环境下的一般操作系统不同，网络操作系统所提供的服务具有优化与网络活动相关的特性，如共享数据文件、软件应用以及共享硬盘、打印机等各种硬件资源。

根据共享资源方式的不同，网络操作系统分为两种不同的机制：对等式网络操作系统和集中式网络操作系统。前者，网络操作系统软件均匀地分布在网络上的所有节点（计算机）；后者，网络操作系统的主要部分驻留在中心节点。集中式网络操作系统下的运行机制就是平常所称的"客户/服务器"方式，其中的中心节点称为服务器，使用由中心节点所管理资源的应用称为客户。因为客户软件运行在工作站上，所以通常将工作站称为客户。其实，只有使用服务的应用才能称为客户，向应用提供服务的应用或软件才能称为服务器。

任何开放式的网络操作系统必须符合国际公认的网络协议。如前所述，对网络发展影响最大的网络协议是 OSI。在局域网条件下，网络操作系统只涉及 OSI 模型的第 3 到第 7 层，第 1 层和第 2 层协议在局域网的网络设备上以固件的形式实现。

（二）局域网的拓扑结构

网络拓扑结构是指网络节点的位置和互连的几何布局。不同的拓扑结构可采用不同的传输介质。

目前，局域网有三种主要的拓扑结构：总线结构、星形结构和环形结构。不同结构具有各自的特点和适用性，选择拓扑结构时，应考虑三个因素：网络建设费用、系统灵活程度和系统可靠程度。良好的拓扑结构应当是安装费用、维护费用以及扩展费用的总和最小，网络拓扑重新配置比较容易，网络故障检测和隔离比较方便，个别节点的故障不至于影响整个网络的正常运行等。

1.总线结构

总线结构使用称为总线（干线）的中央电缆将服务器和工作站以线性方式连接在一起，所有网络上的计算机通过合适的硬件接口连接到总线上，也就是说，网络所有节点共享这条公用通信线路。工作时，每当有计算机将信息数据传送到公共干线上时，所有的工作站均可以同时接收到此信息。每个工作站收到信息后都会核对该信息中的目的地址是否与本工作站的地址一样，然后决定是否接收这个信息。由于网络上的信息是向各个部分传递的，与广播电台的信号传输方式十分类似，因此总线结构的网络又称为广播式网络。总线结构是目前使用最广泛的局域网结构，也是最传统的一种主流网络结构。

总线结构的优点是：网络结构灵活；可靠性较高；网络响应速度快；硬件设备量少，造价低；安装、使用和维护方便；共享能力强，适合于一点发送，多点接收的场合。总线结构的缺点是：维修不便，一个节点发生故障，将会破坏网络上所有节点的通信，探测电缆故障时，需要涉及整个网络；增加节点时，需要断开节点，网络将停止工作。总线结构适用于小型办公自动化系统、小型信息管理系统等低负荷和输出的实时性要求不高的环境，十分适合仅需建立10～20个工作站的小型单位。

2.星形结构

在星形结构中，网络中的各节点均连接到一个中心节点（如集线器）上，由该中心设备向目的节点传送数据，换言之，任何两个节点之间的通信都要通过中心节点转接。星形结构在局域网中不如总线结构用得普遍，目前许多局域网络设计成总线拓扑与星形拓扑相结合的结构。

星形结构的优点是：网络结构简单；不会因一个节点发生故障而影响全局，可靠性较强；增减节点不需要中断网络，扩展性能较好；造价和维护费用较低。星形结构的缺点是：中央节点负荷过重，一旦集线器发生故障将导致整个网络瘫痪；网络共享能力较差；需要使用的电缆较多，通信线路利用率低。实际建网时，往往利用现有程控电话线路系统来解决线路利用率低的问题。星形结构适用于企业的办公自动化系统、数据处理系统、声音通信系统和中、小型信息管理系统。地理位置分散、地形复杂的机关、企事业单位可考虑建立星形结构或星形总线混合结构的局域网络。

3.环形结构

在环形结构中，所有节点通过环路接口分别连接到它相邻的两个节点上，从而形成一个首尾相接的闭环通信网络，环路上的任一节点在发出申请并获得批准后均可向环路发送信息。由于环路是公用的，一个节点发出的信息必须穿越环路中所有的接口，当信息流中的目的地址与环路上某节点的地址相符时，该信息就被该节点的环路接口接收。光纤是环形拓扑结构的最佳传输介质。

环形结构的优点是：结构比较简单，控制相对容易；传输时间固定，适用于对数据传输实时性要求较高的应用场合。其缺点是：由于在环中传输的信息必须沿每个节点传送，传输效率低；由于环路封闭，在环上增加或减少一个节点相当困难，因此扩展不便；环中任何一段的故障都会使整个网上通信受阻，可靠性差；维护费用和造价较高。环形结构适用于企业的自动化系统和小型信息管理系统。

（三）以太网

网络设计并不仅仅是对拓扑结构的选择，拓扑结构只是局域网设计的内容之一。局域网设计还包括选择通信传输介质、确定网上数据传输模式、通信控制协议、设备连接标准等方面。

为推进局域网设计的标准化和产业化，电气与电子工程师协会针对不同体系结构的局域网推出了一系列局域网标准（IEEE 802.1～IEEE 802.12），这些标准分别详细规定了各类型局域网的拓扑结构、传输介质、数据传输模式、通信协议、通信设备规格等，至今已成为事实上的局域网设计的国际通行标准。因此，局域网设计的实质，已演变为对上述各类标准以及按上述各类标准所开发的商用局域网络系统的选择。

目前，局域网中使用最多的是以太网（Ethernet）。它是由美国 Xerox 公司、DEC 公司和 Intel 公司联合开发的局域数据通信网，符合 IEEE 802 标准。以太网拓扑结构为总线或星形结构，可以多种同轴电缆或非屏蔽型双绞线为传输介质，以 CSMA/CD 协议作为介质访问控制方案。

以太网具有网络接口卡低廉、建设投资较小、网络性能较好、安装简单、使用广泛、网际互操作性强、数据传输速度快等优点，其缺点是网络信息流量较大时性能会下降，故障难以排除。以太网是中小型机关、企事业单位较理想的局域网选型。

以太网有三种主要的网络拓扑选项：10Base2，10Base5，10BaseT，另外还有两种较新的 100Mbps 的网络选项。不同网络选项的物理规格和网络性能不同。随着网络技术的进一步发展，100Mbps 以上的高速局域网将成为建设局域网络的优选方案。各单位应根据网络技术的发展趋势和自身的实际情况慎重选择网络类型。

思考题

1. 电话机通话原理是什么？
2. 传真机的基本种类有哪些？
3. 传真机的工作原理是什么？
4. 数据通信网络是什么？

模块三　办公文印设备

导读：

常用的办公文印设备主要有打印机、复印机、数码速印机等。通过这些设备，人们能够方便、快速地得到各种文件、图像等的复制品，而且内容清晰、保真度好、容易保存。

学习目标：

1.了解打印机的基础知识。

2.了解静电复印机的基础知识。

3.了解数码速印机的基础知识。

任务一　打印机

打印机是将计算机的运算结果或中间结果以人所能识别的数字、字母、符号和图形等，依照规定的格式印在纸上的设备。打印机正向轻、薄、短、小，低功耗、高速度和智能化方向发展。

一、针式打印机

针式打印机流行了很长一段时间，后来因为其打印精度低、噪声大、速度慢，且很难实现彩色打印等弱点，它在竞争中逐渐失去了大部分市场。但因其具有超低的使用费用、多页拷贝等其他打印机所不具备的特点，针式打印机在银行存折打印、财务发票打印等专业领域仍应用较广。

各类针式打印机从表面上看没有什么区别，但随着专用化和专业化发展的需要，出现了不同类型的针式打印机，其中主要有微型针式打印机、通用针式打印机、票据针式打印机、行式针式打印机和高速针式打印机等几种。

（一）针式打印机的工作原理

针式打印机是利用机械和电路驱动原理，使打印针撞击色带和打印介质，进而打印出点阵，再由点阵组成字符或图形来完成打印任务的。

打印机在联机状态下，通过接口接收计算机发送的打印控制命令、字符打印或图形打印命令，再通过打印机的中央处理器处理后，从字库中寻找与该字符或图形相对应的图像编码首列地址（正向打印时）或末列地址（反向打印时），如此一列一列地找出编码并送往打印头驱动电路。其打印的基本步骤如下：

①启动字车机构；②检查打印头是否进入打印区；③执行打印初始化；④按照字符（汉字）或图形编码驱动打印头打印一列；⑤产生列间距；⑥产生字间距；⑦一行打印完毕后，启动输纸电机，驱动打印辊使打印纸往前走一行；⑧换行（单向打印时按回车键），为打印下一行做好准备。

（二）针式打印机的主要部件

针式打印机由打印机械装置和控制驱动电路两大部分组成，在打印过程中共有三种机械运动：打印头横向运动、打印纸纵向运动和打印针的击针运动。这些运动都由软件控制驱动系统通过一些精密机械来执行。

针式打印机的机械装置包括打印头驱动机构（字车机构）、打印头（二排组成共 24 根针，每根针能打 2 亿次，属发热部件）、色带驱动机构、输纸机构、打印状态传感机构。

控制驱动电路中采用了微处理器、RAM（随机存取存储器）和 ROM（只读存储器）。其中 ROM 主要用来存储针式打印机的管理程序、字符库和汉字库。

针式打印机各部分名称和功能（以平推式针式打印机为例）如图 3-1 所示。

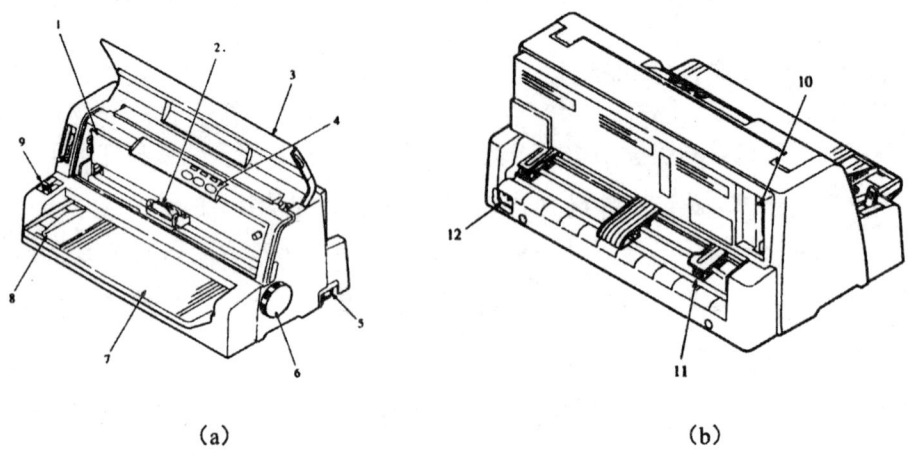

1—色带盒（内装打印所需的色带）；2—打印头（打印字符的部分）；3—顶盖（在更换色带盒等时开启和关闭）；4—操作面板（有操作打印机所需的开关和指示灯等）；5—电源开关（开启/关闭电源）；6—卷轴旋钮（卷出用纸）；7—载纸台（手动放置单页纸的台面）；8—导纸器（确定单页纸左端位置的支架，通过左右移动可以调整左端打印纸的位置）；9—换纸杆（根据所使用的纸进行切换）；10—接口连接器（插入接口导线的连接器）；11—拖拉进纸器（放置连续打印纸的部分）；12—交流电源连接器（插入电源导线的连接器）。

图 3-1　针式打印机各部分的名称和功能

（三）针式打印机的主要技术指标

1.打印宽度

打印宽度是指针式打印机能够支持打印的最大宽度。与喷墨打印机和激光打印机用纸张的规格来标识不同，它采用日常的长度单位 mm 来标识。

2.打印针数

打印针数是指针式打印机的打印头上的打印针数量。打印针的数量直接决定了产品打印的效果和打印的速度。目前，最常见产品的打印针数为 24 针。

3.打印针寿命

打印针寿命是指打印针进行多少次撞击后才会报废的数值，它的单位是"次击打/针"。目前产品的打印针寿命多能够达到 2 亿次击打/针，有的甚至更多，可以达到 5 亿次击打/针。不过，还有两个问题需要注意。首先，由于打印头上每根打印针的使用频度是不可能完全相同的，因此有些打印针先报废，有些打印针则会报废得晚一些。其次，"亿次击打/针"是一个约数，如此大的数字，用户是无法实际进行检测和计算的。因此，在购买时关注打印头的免费保修时间也是很重要的。

4.打印速度

针式打印机的打印速度标识和喷墨打印机、激光打印机不同，不是用打印时每分钟输出的页数，而是使用"字/秒"，一些高端产品则往往会用"行/分"来标识。这样的标识同样一目了然，在单位时间内能够打印的"字符数"或者是"行数"越多，那么打印机的速度也就越快。

需要注意的是，用"字/秒"来标识的产品，如果产品不做特别说明则多是指英文字符，大小为标准 5 号字，一些产品会另外标识中文字符的打印速度，大小同样也是标准 5 号字。如果打印大于 5 号的字符，那么在单位时间内打印的字符数自然会减少。

5. 打印分辨率

分辨率的单位是 dpi，即每英寸可以表现出多少个点，它直接关系到产品输出的文字和图像质量的好坏。

针式打印机最高分辨率的垂直分辨率和水平分辨率一般都是相同的，而不像喷墨打印机、激光打印机那样可能不同。因此针式打印机在标识时一般就用一个数字来标识，但实际的意义表示的是垂直分辨率和水平分辨率都是这个数字。目前较为主流的针式打印机的最高分辨率一般在 180～360 dpi，但也有一些产品的最高分辨率可以达到 600 dpi。

6. 色带寿命

针式打印机的色带能够支持正常打印出的标准字符数（指 48 点/字符，如果是大字，数量自然会少许多），一般用"万字符数"表示。

虽然色带过了使用寿命也可以打印，从表面看就是打印出来的字迹淡一些，但实际上超过使用寿命的色带由于摩擦过度，表面会起毛，易造成打印机断针，严重影响打印针的寿命。因此，色带达到使用期限后一定要及时更换。

7. 字体

字体是指针式打印机在没有外来字库的支持下，通过自身携带的字库，可以实现的字体的种类。其中字体又分为中文字体、英文字体和一些其他类型的字体。字体的变化一般可以通过操作打印机面板上的按钮来实现。

国内绝大多数的用户使用的是 Windows 操作系统，而 Windows 操作系统自身具备的字体种类远远比目前针式打印机自身具备的字体种类要丰富得多，通过 Windows 操作系统的支持，用户完全可以获得更加丰富的打印字体，因此针式打印机自身的字体在应用中的意义并不大。

8. 打印方向

目前打印机的打印方向有两种：单向逻辑和双向逻辑。单向逻辑是指打印机的打印头只能在实行单向运动的过程中进行打印，一般来说，都是从左到右的过程中进行打印；而双向逻辑是指打印机的打印头在来回两个方向运动的过程中都能够进行打印。很显然，具有双向逻辑打印方向的产品在打印速度上更快。

9.供纸方式

供纸方式是指针式打印机能够以何种方式获得打印所需要的纸。不同品牌的产品对供纸方式的称呼不同。供纸方式分为两大类：使用齿轮拖拉的方式供应连续纸和通过摩擦原理供应单页纸。

目前，绝大多数针式打印机都具备这两种供纸的方式。在描述供纸方式时，经常是根据连续纸和单页纸的进纸位置加以描述，比如前部、后部、底部。

10.纸张厚度

纸张厚度是指针式打印机能够支持，并且打印的最大纸张的厚度，它的单位为mm。目前，许多产品对于纸张厚度的下限也有相应的规定，如果纸张超出设备允许的上限或下限，设备就会在打印的过程中发生故障。

11.拷贝能力

拷贝能力，也叫复印能力或复写能力，是指针式打印机能够在复写式打印纸上最多打出"几联"内容的能力。票据打印机的复写能力与产品的打印针撞击打印介质的力度有关。目前，票据打印机的复写能力一般用"1+N"的方式来标识，1表示打印原件，N表示拷贝（复写）件数，比如"1+6"就代表产品可以最多在7层的复写式票据上打印出全部内容。

12.接口类型

接口类型是指针式打印机与计算机系统采用何种方式进行连接。目前，票据打印机常见接口类型的有并口（也称为IEEE 1284接口、Centronics接口）、串口（也称为RS-232接口）和USB接口。

（四）针式打印机的维护

针式打印机是计算机系统、智能化仪器仪表和办公自动化系统中主要的输出设备之一，由于其使用率较高，故障现象也就比较多。其中由用户使用不当造成的故障占有一定比例，所以要想延长打印机寿命，就必须了解打印机的正确使用方法和注意事项，加强日常维护管理。

第一，应把打印机置于干净、少灰尘、无腐蚀的环境中，工作台必须平稳、无震动。尤其注意不要在打印机上放置物品，以免物品掉入机器内部，影响机器运转。

第二，打印机要定期维护保养，经常用干净绸布擦拭字车导轴及传动系统，并要保持机箱内清洁。

第三，打印头是打印机的核心部件，也是打印机消耗磨损最严重的元件，其价格约占打印机价格的 1/4。因此，维护保养好打印头显得尤为重要。要注意适时更换色带。因为色带在使用一定时间后就会磨损，表面会粗糙发毛或破损，在此情况下易将打印针拉断，所以要经常注意色带的磨损情况，及时予以更换。

第四，要注意保持打印头与字辊之间的间距，打印头与字辊间距可通过调整杆来调整。距离过大时，打印针工作距离加大，会减慢打印针的复位速度，使得伸出去的打印针没来得及收回就被运行的色带挂伤，易造成断针。而如果距离过小，打印头则会紧顶着色带和打印纸，针被堵住伸不出来，会使电磁线圈因温度过高而烧毁。

第五，要注意保持打印机和打印头的清洁，定期清洗打印头。清洗时最好使用无水乙醇，不要将香蕉水等强有机溶剂或医用的乙醇液作为清洗液。

第六，不要在带电情况下任意转动手动走纸旋钮和拔插打印机电缆线。在打印中用手转动进纸轮会造成电机相间短路，从而烧坏电机。打印时一定要把打印纸装正，否则在打印较长的文件时，纸会走偏。

注意：若纸走偏，不要在打印时强行调整，因为这样会把打印针拉断或拉弯，应首先脱机，再进行调整。万一卡纸，不要强行拽拉或按进/退纸按钮，以免损坏部件。遇到这种情况，应首先关闭电源，然后用一只手搬动单页/连续纸转换杆，另一只手轻轻抽动被卡住的纸张。

第七，避免打印机与大功率容性或感性电器连接同一电源，以免影响打印机正常工作。

第八，现在生产的打印机多有一个热敏电阻，打印头过热时，打印机会自动停止打印，这并不是什么故障，一般情况下只需等打印头恢复到正常温度即可工作，无须更换打印头。

二、喷墨打印机

（一）喷墨打印机的分类

喷墨打印机产品定位划分比较细致，可以满足不同用户的需求。

1. 按打印幅面分

按照打印幅面分，喷墨打印机可分为 A6、A4、A3 及大幅面等级别。

2. 按用途分

按照用途分，喷墨打印机可分为普通喷墨打印机、数码照片打印机、便携式喷墨打印机、喷绘机等。

（1）普通喷墨打印机

普通喷墨打印机是目前最为常见的打印机。它的用途广泛，可以用来打印文稿、图形或图像，也可以使用照片纸打印照片。普通喷墨打印机又可以细分为入门级喷墨、商用喷墨、专业影像级喷墨。

（2）数码照片打印机

数码照片打印机在用途上和普通型喷墨打印机实际上是基本相似的，无论是普通的文稿还是照片都能进行打印。但是它之所以被划分为数码照片型产品，是因为和普通型产品相比，它具有数码读卡器。在内置软件的支持下，它可以直接接驳数码照相机的数码存储卡（能够支持几种数码存储卡需要视打印机的数码读卡器情况而定）和直接接驳数码相机，可以在没有计算机支持的情况下直接进行数码照片的打印。一部分数码照片打印机还配有液晶屏，通过液晶屏，用户可以对数码存储卡中的照片进行一定的编辑和设置。

（3）便携式喷墨打印机

便携式喷墨打印机是指那些体积小巧，重量一般在 1 000 g 以下，可以方便携带，且可以使用电池供电，在没有外接交流电的情况下也能够使用的产品。这类产品一般多与笔记本电脑配合使用。

目前，在便携式喷墨打印机中还有一种便携式的数码照片型喷墨打印机，它集便携式喷墨打印机与数码照片打印机的优点于一体，即体积小巧，便于携带，可以在没有计算机的情况下直接接驳数码相机进行打印。

（4）喷绘机

喷绘机最主要的特点是打印幅面大，可支持多种打印介质，配备了大容量的墨盒，目前广泛应用于广告、展览设计、装饰、摄影等行业。

（二）喷墨打印机的工作原理

目前，市场上销售的喷墨打印机绝大多数采用的是随机喷墨打印技术。

随机式喷墨系统具有结构简单、成本低、可靠性比较强等优点，但受射流惯性的影响，墨滴喷射速度低。为弥补这一缺陷，不少打印机采用了多喷嘴设计。随机式喷墨打印机又分压电式和气泡式两大类。

1. 压电式喷墨打印机工作原理

压电喷墨技术是将许多小的压电陶瓷放置到喷墨打印机的打印头喷嘴附近，利用它在电压作用下会发生形变的原理，适时地把电压加到它的上面。压电陶瓷随之产生伸缩，挤压喷头中的墨水，使喷嘴中的墨汁喷出，在输出介质表面形成图案（见图 3-2）。

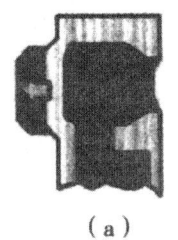 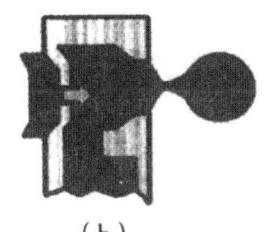  

(a)　　　　　　　(b)　　　　　　　(c)

图 3-2　压电式喷墨打印机工作原理图

用压电喷墨技术制作的喷墨打印头成本比较高，为了降低用户的使用成本，一般都将打印头和墨盒做成分离的结构，更换墨水时不必更换打印头。

2.气泡式喷墨打印机工作原理

气泡式喷墨系统又称为电热式，是在喷头的管壁上设置了加热电极，将短脉冲电流作用于加热器件上，在加热器上产生蒸汽，并形成很小的气泡，气泡受热膨胀形成较大的压力，压迫墨滴喷出喷嘴。喷到纸上的墨滴量可通过改变加热元件的温度加以控制，从而达到打印图像的目的。

用气泡式喷墨技术制作喷墨打印头的工艺比较成熟，成本也很低廉，但由于打印头中的电极始终受电解和腐蚀的影响，这对其使用寿命有不小的影响。所以，采用这种技术的打印头通常都与墨盒放在一起，更换墨盒时需同时更换打印头。

（三）喷墨打印机的主要部件

喷墨打印机分为打印机械装置和控制电路两大部分。

1.打印机械装置

打印机械装置主要包括以下部件：墨盒和喷头，清洗部分，字车机构，输纸机构，传感器。

2.控制电路

喷墨打印机的控制电路采用了微处理器、ROM 和 RAM 存储器，其中 ROM

主要用来存储喷墨打印机的管理程序。

喷墨打印机的墨盒和喷头从形态上可以分为一体式和分离式。这两种方式各有优缺点。

一体式：更换墨盒的同时需更换打印头，用户不必太担心喷头堵塞影响打印质量，但这样也会使墨盒价格增高，增加使用成本。一体式墨盒主要应用在气泡式喷墨打印机上。

分离式：更换墨盒时不必更换打印头，可以降低使用成本。但它的缺点是打印头长期得不到更换，随着使用时间的增加，打印效果可能变差，如果喷头在使用过程中堵塞了，无论是疏通或更换，费用都比较高，而且不易操作。分离式墨盒主要应用在压电式喷墨打印机上。

（四）喷墨打印机的墨水

市场上常见的墨水可以分成颜料墨水和染料墨水两种，两种墨水都是由色基和溶剂按一定的比例混合而成的。

颜料墨水色基由多个分子组成，直径比较大，不会溶解于溶剂。通常在颜料色材外面加上一层亲水性的聚合体，就可以将颜料色材吸附到溶剂中。颜料墨水色材的典型代表就是矿物质颜料。

染料墨水色基是单个分子独立存在的，可以溶解于溶剂中。这类色材的典型代表就是草木的汁液，渗透性比较好。

颜料墨水在耐水性、耐光性、耐腐蚀性上都要好于染料墨水。染料墨水则在耐摩擦性和显色性方面要比颜料墨水强。一般来讲，颜料墨水的制作工艺相对来说难度较大，价格和性能都要高于染料墨水，生产颜料墨水是各墨水厂商的发展趋势。

理论上有 C（青）、M（品红）、Y（黄）三色就能混合出打印需要的色彩，但在实际打印中，这三色组合产生的黑色是不纯的。因此，为了产生真正的黑色（在打印中起主要作用的颜色），人们加入了第四种颜色的墨水——K（黑色）。

随着数码相机的普及,人们对数码照片打印质量的要求也越来越高,为了更好地表现色彩的层次、细节,打印机厂商在不断提高喷墨打印机打印分辨率、改进喷墨方式的同时,也细化了墨水的颜色,比如使用了6色或8色墨水。仅使用C、M、Y、K等4色墨水的打印机只能作为入门级的照片打印机,专业级别的数码照片打印机均使用了更多色彩的墨水。

(五)喷墨打印机常用纸

在家庭和日常办公环境中,喷墨打印机主要会用到三种类型的纸张:复印纸、喷墨纸、照片纸。

1.复印纸

这是最常用的纸张,在喷墨打印中主要用来打印文本或草稿。

2.喷墨纸

它在普通纸的基础上涂有一层较薄的介质,使纸张在更加具有光泽的同时还发白,主要用于打印合约、报表一些要求较高的文稿。通常各大打印机厂商会根据各厂墨水的特点配以相应的涂层,使打印出的图像更加亮丽、清晰。

3.照片纸

照片纸是为打印照片专门制作的纸张。它也是在普通纸的基础上涂上特殊的涂层,这样可使纸张看起来更加光亮,而且可以快速吸收颗粒极小的墨水并使之固化,使照片颜色保持鲜艳。另外,较硬的纸张质地,能使纸张在极高的打印分辨率下防止墨水渗透。根据涂料层及纸张介质的不同,照片打印纸又可细分为高光照片纸、亚光照片纸、特种专用照片纸、PVC照片纸、高光亮照片纸等。

(六)喷墨打印机主要技术指标

喷墨打印机的主要技术指标有打印宽度、打印速度、打印分辨率、打印方向、喷嘴数量、墨滴大小、耗材寿命等。其中一些指标在前文中已经介绍,此处不再赘述。下面介绍一些喷墨打印机独有的技术指标。

1. 喷嘴数量

喷嘴数量是指每个打印头上的墨水喷口数量。而喷嘴的数量直接决定了产品打印的效果和打印的速度。就同一台打印机而言，一般情况下，黑色打印头的喷嘴数量要大于彩色打印头的喷嘴数量。

2. 墨滴大小

墨滴大小是指打印头喷嘴能喷出的最小墨滴的大小。墨滴越小，打印质量越好。

3. 耗材寿命

耗材寿命也叫打印量，用"页"来表示。它是指墨盒从开封到墨水用尽时所能打印的页数，各厂商的标称值是在特定环境、特定模式下使用特定测试模板取得的。

在实际使用中，影响打印质量的因素很多，打印质量会根据打印的文本/照片、使用的应用软件、打印模式、使用纸张类型、机器使用的频繁程度和温度不同而有所变化。

（七）喷墨打印机的维护

喷墨打印机是在针式打印机之后发展起来的，与针式打印机相比，喷墨打印机的最大特点是噪声低、体积小、打印质量好。近年来，由于喷墨打印机技术的进步，逐渐克服了墨水溢漏、喷嘴易堵、印迹渗化等缺点，加上销售价格的大幅下降，不少办公用户和家庭用户开始配置了喷墨打印机。使用喷墨打印机时，应注意以下一些问题。

第一，使用时必须将打印机放在一个平稳的水平面上，而且要避免震动和摇摆。如果在使用时打印机倾斜到一定角度，就不能正常工作。打印机的前端最好不要放置其他物品，以留出足够的空间，利于打印机顺利出纸。在打印机工作的时候，要关闭它的前盖，以防灰尘进到打印机内部或有其他较坚硬的东西影响打印机小车的运作，发生不必要的故障。

第二，在开启喷墨打印机电源开关后，电源指示灯或联机指示灯将会闪烁，这表示喷墨打印机正在预热。在此期间不要进行任何操作，待指示灯不再闪烁时方可进行操作。

第三，在正式打印之前，一定要根据纸张的类型、厚度以及手动、自动的送纸方式等情况，调整好打印机的纸介质调整杆和纸张厚度调整杆的位置。

第四，由于喷墨打印机结构紧凑、体积小巧，所支持的打印幅面有限，所以一定要对所打印的纸张幅面进行适当设置。若使用的纸张比设置值小，则有可能打印到打印平台上而弄脏下一张打印纸。如果出现弄脏打印平台的情况，要随时用软布擦拭干净，以免影响打印效果。对于比喷墨打印机所支持的打印幅面大的文件，只能用"缩小打印"功能实现打印输出。

第五，使用单页打印纸时，在将其放置到送纸器内之前，要先将纸充分翻拨，再将其排放整齐后装入，以免打印机将数张纸一齐送出。此外，也不要使用过薄的纸张，否则也有可能产生数张纸一齐送出的故障。在打印透明胶片时，必须单张送入打印，而且打印好的透明胶片要及时从纸托盘中取出，等到它完全干燥后方可保存。

第六，必须注意打印机周围环境的清洁。如果灰尘过多，很容易导致字车导轴润滑不良，使打印头在打印过程中运动不畅，从而造成打印位置不准确或者死机。

第七，必须注意正确使用和维护打印头。打印头在初始位置时，通常处于机械锁定状态。这时不能用手强行移动打印头，否则不但不能使打印头离开初始的位置，而且还会造成打印机机械装置损坏；更不要人为地移动打印头来更换墨盒，以免发生故障，从而损坏打印机。如果确实需要移动打印头，一定要使用清洗键来移动（当然这会消耗少量的墨水，所以不到万不得已不要随意使用清洗键，以避免浪费墨水），并且在使用时一定要禁止带电插拔打印电缆，不然会损害打印机的打印口及计算机的并行口，严重时，甚至有可能击穿计算机的主板。在安装或更换打印头时，要注意取下打印头的保护胶带，并一定要将打印头和墨盒安装到位。

第八，打印机在使用一段时间后，如果打印质量下降，比如输出不清晰，出现纹状或其他问题，可利用自动清洗功能清洗打印头。清洗时可通过计算机利用打印机附带软件中的打印头清洗工具，也可通过打印机自身控制面板上的按钮进行打印头的清洗，但这会消耗少量的墨水。如果连续清洗几次之后，打印效果仍不满意，这时需考虑更换墨盒。

在为打印机更换墨盒的时候，要严格按照操作手册中的步骤进行，特别是必须在电源打开的状态下进行上述操作。另外，有些打印机是使用打印机内部的电子计数器对墨水容量进行计量的。当计数器的数值达到一定量时，打印机就会做出"墨水用完"的判断；而在墨盒的更换过程中，打印机将会对其内部的电子计数器进行复位，从而确认安装了新的墨盒。特别注意，不要在关机的状态下进行更换墨盒的操作，因为这种操作对打印机来说是无效的。在墨盒没有用完的时候最好不要取下，以免造成墨水的浪费，或造成打印机对墨水计量的失误。在充墨过程中，当电源灯闪烁时，不要关闭电源，否则可能导致打印机充墨不完全。如果墨盒长期不用，那么应该在室温下保存且应避免日光直射。

第八，有些喷墨打印机的操作面板功能很强，几乎可以实现喷墨打印机的所有功能。如果发现打印结果与面板的设置不同，有可能是软件的设置与面板设置不同所致，而软件的设置是优先于面板设置的，所以使用时两者必须统一。

三、激光打印机

（一）激光打印机的分类

激光打印机可以从打印速度、打印幅面、色彩等方面来划分类型。

1. 从色彩上分

从色彩上分，激光打印机可以分为黑白、彩色两类。

2. 从激光器件上分

从激光器件上分，激光打印机可以分为激光器型、发光二极管型两大类。目前，市场上大部分的激光打印机都是激光器型的。

3. 从打印速度上分

从打印速度上，激光打印机可以划分为低速、中速、高速三大类。低速激光打印机：打印速度在 30 ppm 以下，主要用于个人桌面办公和中低端网络打印。中速激光打印机：打印速度在 40～120 ppm，主要用于部门办公和商务速印系统。高速激光打印机：打印速度在 130～300 ppm，主要用于小批量印刷、银行、保险公司账单打印等生产型领域。

4. 从打印幅面上分

从打印幅面上，激光打印机可以分为 A4、A3、A1、A0 等打印机，一般将 A3 以上幅面的称为工程机。

（二）激光打印机的工作原理

激光打印机的核心技术就是电子成像技术，这种技术融合了影像学与电子学的原理和技术以生成图像。激光打印机的核心部件是一个可以感光的感光鼓。

打印机接收到计算机传来的打印内容后，将打印内容转换为激光驱动信

现代办公设备操作与管理

号,激光头发出的激光束通过一个转动的棱镜反射到充满电荷的感光鼓上,随着棱镜的转动,激光束从感光鼓的一端扫描到另一端,感光鼓被扫描到的部分电荷消失,形成静电潜像,将带电的墨粉颗粒吸附到感光区域(静电潜像区域),形成可见的墨粉图像,再将墨粉转印到打印介质上,最后通过加热装置将墨粉熔化固定到打印介质上(见图3-3)。

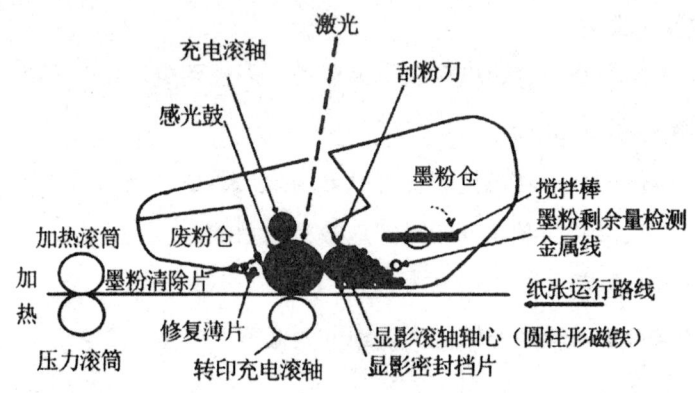

图3-3 激光打印机工作原理

激光打印机必须通过六个工作步骤才能完成打印。这六个步骤是:充电、感光、显影、转印、定影、消影。

为了便于大家理解,下面将通过和摄影过程的对比来解释这六个步骤的作用,如表3-1所示。

表3-1 激光打印步骤与摄影过程的对比

步骤	作用	对比摄影过程
充电	将感光鼓表面充满电荷	制造胶片
感光	通过激光束的扫描,在感光鼓上形成静电潜像	拍照
显影	将带电墨粉颗粒吸附到静电潜像区域,形成可见的墨粉图像	冲洗底片
转印	将感光鼓上的墨粉图像转移到纸张上	在相纸上放像
定影	通过加热、加压将墨粉熔化固定在纸张上	冲洗相纸
消影	清除感光鼓表面的残余墨粉和电荷	制造胶片的片基

(三)激光打印机的核心部件

鼓粉组件是激光打印机电子成像系统的核心部件，也是需要经常更换的耗材，它包括感光鼓、充电机构、显影机构、墨粉仓、墨粉、废粉回收装置。

鼓粉组件俗称硒鼓，是因为早期多以硒碲（砷）合金作为感光材料。由于人们环保意识的增强及技术进步，现在硒碲（砷）合金已经被有机光导体所取代。

感光鼓的感光材料主要为有机光导体、硒碲（砷）合金、无定形硅。其中无定形硅感光鼓又称陶瓷鼓，实际上它和陶瓷没一点关系，只是它非常光亮、耐磨。

墨粉的种类很多，有单组分的和双组分的，有正电性的和负电性的，其中单组分中又有磁性的和非磁性的，都因机型而异。

鼓粉组件从形态（组合方式）上可以分为一体式、二体式、三体式。二体式、三体式又称为鼓粉分离结构。

(四)激光打印机的主要技术指标

激光打印机的主要技术指标有打印宽度、打印速度、打印分辨率、耗材寿命等，前文已有介绍，此处不再赘述。

(五)激光打印机的维护和保养

激光打印机的型号很多，但由于其工作原理和使用的材料都基本相同，只是有些规格不同而已，所以对于激光打印机的一般维护，基本上适合各种激光打印机。

1.电极丝的维护

由于打印机内有残余的墨粉、灰尘及纸屑等杂物，电极丝及相关组件将被这些杂物污染，使得电压下降，从而影响打印机的工作性能。一般来说，若充电、转印电极丝沾染了废粉、纸灰等，会使打印出来的印件墨色不够，甚至很淡，这主要是由于电极丝被污染后，硒鼓充电不足，因此它在硒鼓上产生的潜影的电压就不够，以至于其吸墨粉能力不足。当纸走过时，由于墨粉不够，输出的纸样墨色就很淡。

维护电极丝时应小心地取出电极丝组件（一些型号的打印机不必取出电极丝，可直接在机子上清理），先用毛刷刷掉其上附着的异物，之后再用脱脂棉擦拭干净。

2.激光扫描系统的维护

当激光扫描系统中的激光器和工作镜被粉尘等污染后，其会造成打印件底灰增加，图像不清。这时可用脱脂棉将它们擦拭干净，但应注意不要改变它们的原有位置。

3.定影器部分的维护

定影器部分的维护主要有定影加热辊（包括橡皮辊）、分离爪、热敏电阻和热敏开关的维护。

（1）定影加热辊的维护

定影加热辊在长期使用后可能沾上一层墨粉，一般来说，加热辊表面应当是非常干净的，若有脏污则会影响打印效果。如果打印出来的样稿出现黑块、黑条，或者将图文的墨粉沾带至别处，这表示加热辊表面已有损伤，若损伤程度较轻，清洁后可使用（但不宜用于硫酸纸），若损伤严重，则更换加热辊。与加热辊相配对的橡皮辊，长期使用后也会沾上废粉，一般沾的废粉较少时不会影响输出效果，若沾的废粉较多，则会使输出的样稿背面变脏。清洁加热辊时，可用脱脂棉蘸无水乙醇擦拭，擦拭时不可太用力，忌用刀片等利物去刮，以免损坏定影加热辊。而橡皮辊的擦拭可简单一些，只需用脱脂棉将其表面擦干净即可。

（2）分离爪的维护

分离爪是紧靠着加热辊的小爪，其尖爪与加热辊长期轻微摩擦，而背部与输出的纸样长期摩擦，时间一长，会把外层的膜层磨掉，从而会沾上废粉结块。这样一方面会使分离爪与加热辊的摩擦增大，进而损坏加热辊；另一方面，分离爪背部沾粉结块后变得不够光滑，阻止纸张的输送，从而使纸张输出时变成弯曲褶皱状，影响质量，甚至会使纸张无法输出而卡在此处。因此，如发现输出纸张有褶皱时应注意清洁分离爪。清洁方法是小心地将分离爪取下，仔细擦掉沾在上面的废粉结块，并细心地将背部磨光滑，爪尖处一般不要磨，若要磨时，一定要小心操作。擦拭干净后即可重新装上（装上时可将各个分离爪调换使用，以使各处分离爪的磨损相近）。

（3）热敏电阻和热敏开关的维护

热敏电阻和热敏开关都是与加热辊靠近的部件，早期的激光打印机将其装在加热辊近中心部位，后来经过改进，热敏电阻和热敏开关装在了加热辊的两头。这两个部件平常无须维护，但使用较长时间（输出量较大）的打印机，由于热敏电阻外壳（外包装壳）上会沾上废粉等脏物，因此它对温度的感应会发生一些变化，从而使加热辊的表面温度加大。首先，这会影响加热辊的寿命，加速橡皮辊的老化和分离爪等部件的磨损，缩短定影灯管的使用寿命。其次，温度太高会使纸张发生卷曲，进而影响输出，造成卡纸，有时甚至会使硫酸纸、铜版纸等起泡而不能使用。情况严重时，甚至会烧坏加热辊。维护的方法是：小心地拆下定影器，取下热敏电阻和热敏开关，先用脱脂棉蘸些乙醇将其外壳的脏物擦拭干净，操作时一定要小心，不要损坏其外壳；然后小心地将其装回，安装时一定要注意热敏电阻与加热辊的距离。一般来说，热敏电阻应尽量地靠紧加热辊，热敏开关可适当与加热辊空开一段距离。

任务二　静电复印机

静电复印机操作简便，复印质量又有保证，是目前常用的办公自动化设备之一。

一、复印机的分类

1959年，第一台性能较完善的914型复印机诞生。之后，不同厂家各种型号的复印机如雨后春笋般涌现出来。下面介绍静电复印机的分类。

（一）按工作原理分类

按工作原理，静电复印机可分为模拟复印机和数码复印机。

模拟复印机是将扫描原稿所得到的光学图像通过光学系统直接投射到已被充电的感光鼓上而产生静电潜像，然后经过显影、转印、定影等步骤，完成复印过程。目前，模拟复印机已经被淘汰。

数码复印机就是一台扫描仪和一台激光打印机的组合体，首先通过对原稿曝光、扫描，产生光模拟信号，通过CCD传感器将光模拟信号转换成数字信号输入到激光调制器，调制后的激光束对充电的感光鼓进行扫描。在感光鼓上产生由点组成的静电潜像，再经过显影、转印、定影等步骤来完成复印过程。

数码复印机与模拟复印机的主要区别在于扫描系统的光信号不同，前者用数字光信号扫描，后者用模拟光信号扫描。

由于数码复印机采用了数字图像处理技术，可以进行图文编辑，大大提高了复印的能力和质量，并实现了一次扫描、多次复印，且能够进行电子分页。

市场上没有单一功能的数码复印机，而是兼有复印、打印、扫描、传真多功能的"数码复合机"。

（二）按用途分类

按用途，复印机可分为家用型复印机、办公型复印机、便携式复印机和工程复印机。

家用型复印机价格较为低廉，一般兼有扫描仪、打印机的功能，打印方式主要以喷墨打印为主。

办公型复印机就是人们常见的复印机，其主要用途就是在日常的办公中复印各类文稿。目前，基本上是数字型产品，模拟型产品已淘汰。

便携式复印机的特点是体形小巧、重量较轻，复印件的最大幅面一般只有A4。目前，基本上都是数字型产品，具有复印、打印、扫描功能。

工程复印机最大的特点就是幅面大，一般可以达到A0幅面，用以复印建筑设计、机械设计、船舶设计、勘测设计等工程图纸。模拟工程复印机已经淘汰，目前工程复印机都是数字型的，其原理和办公型复印机一样。

二、复印机的结构与功能

（一）复印机的结构

现代静电复印机一般由曝光系统、成像系统、输纸系统、控制系统和机械驱动系统等5大系统组成。其结构如图3-4所示。

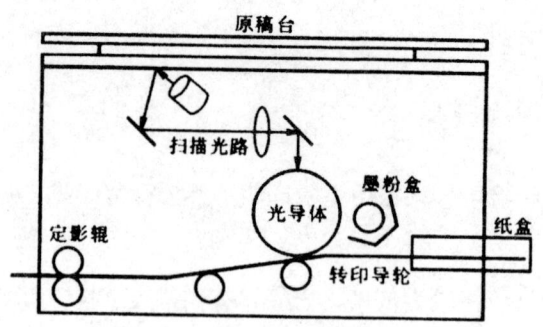

图 3-4　复印机的结构与功能

1. 曝光系统

曝光系统由光源、反光罩、原稿台、反光镜、透镜及光缝调节装置等组成。光源经反光罩聚成一条与原稿台宽度相当的长狭缝后投射到稿件上，投射到稿件上文字或图像点的入射光被吸收或被部分吸收、部分反射。携带原稿图文信息的反射光经过反光镜和成像透镜后投射到光导体上产生静电潜像。

2. 成像系统

成像系统主要包括：光导体部分，它是复印机的核心；充电部分，由高压发生器和电晕发生器等组成；显影部分，由显影剂（载体、色粉）、搅拌器和箱体（显影箱、色箱）等组成；转印部分，主要由转印充电器组成；定影部分，由热源（如定影灯）、热辊等组成；清洁部分，包括清洁残粉系统和消除残电荷系统，由清洁装置（清洁刮板、磁辊、收集器等）、消电装置（灯或电晕放电器）等组成。

3. 输纸系统

输纸系统由供纸盒、搓纸轮、导纸辊、纸通道、托纸板和传输辊检测器组成，完成纸张（或某种介质，如幻灯胶片）输入、转印、分离、定影、输出等功能。

4. 控制系统

控制系统一般分为两部分：电路控制部分，一般由各种监控电路、各种传感控制器、程序控制所需的延时继电器电路（定时器）及接触器组成；智能部分，一般由微处理机、存储器及 I/O 接口等组成，完成各种测量、过程控制、印数控制、自我诊断和显示、自动调节各参数实现智能复印、与外界联系输入/输出信息等工作。

5.机械驱动系统

复印机采用的机械传动形式较多，一般由电机、齿轮、皮带、链、钢丝绳、轴承部件等组成传递动力，使整机传动平衡，各个动作协调一致。

静电复印机由于生产厂家和具体型号不同，性能和外形结构有所不同，但其基本工作原理是一致的。图 3-5 为复印机的外形结构。

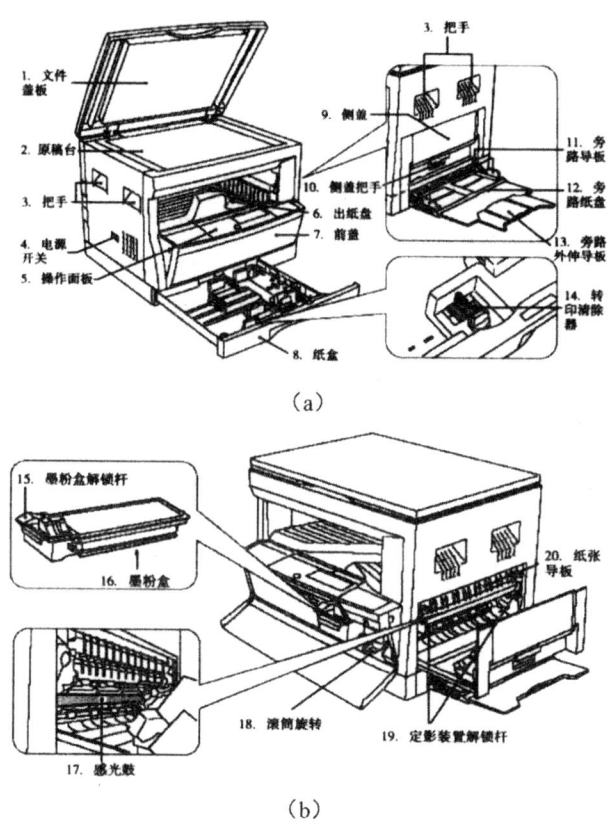

图 3-5 复印机的外形结构

复印机各部件名称与功能如表 3-2：

表 3-2　复印机各部件名称与功能

部件序号	部件名称	功能	部件序号	部件名称	功能
1	文件盖板	将原稿放置在原稿台上，在开始复印前，关上盖板	11	旁路导板	按照复印纸宽度进行调节
2	原稿台	将原稿放置在原稿台上	12	旁路纸盘	纸张包括特殊用纸（如透明胶片）可从旁路纸盘输入
3	把手	用于移动复印机	13	旁路外伸导板	在输入 B4 和 A3 等较大的纸时拉出旁路纸盘加长部分
4	电源开关	按电源开关接通或切断复印机电源	14	转印清除器	清洁转印组件
5	操作面板	复印机的所有控制都位于操作面板，可简单操作	15	墨粉盒解锁杆	松开此扣，取出墨粉盒
6	出纸盘	堆放完成的复印件	16	墨粉盒	内装墨粉
7	前盖	打开前盖取出误送纸张和进行复印机检修	17	感光鼓	鼓的表面有感光体，通过感光体成像
8	纸盒	盛放复印纸	18	滚筒旋转	转动以取出误送的纸张
9	侧盖	打开侧盖以取出误送纸张，进行复印机检修	19	定影装置解锁杆	放下解锁杆可清除卡纸
10	侧盖把手	提起并拉出以打开侧盖	20	纸张导板	打开以取出误送的纸张

（二）复印机的功能

数码复印机与传统模拟复印机相比，功能更完善、更实用，下面简要说明。

1.基本复印功能

基本复印功能，包括常用的图像浓度调节、缩放、用纸规格选择、复印量设置、中断插入复印等功能。

2.电子分页功能

可将多页原稿扫描存入复印机存储器中，再按设定顺序复印输出，实现分页功能。

3.图像编辑功能

数码复印机的最大特点之一就是能对图文原稿进行任意编辑，包括自动缩放、单向缩放、自动启动、双面复印、组合复印、重叠复印、图像旋转、黑白反转等。

4.一次扫描，多次复印

原稿经扫描存入复印机存储器中，即可随时复印所需的多页份数，与模拟复印机相比，数码复印机减少了扫描的次数，减少磨损，延长机器使用寿命。

5.联机功能

多数型号的数码复印机，可以作为输入/输出设备与计算以及其他办公自动化设备联机使用。

三、复印机的安装

复印机首次使用前需要进行安装。复印机是一种精密机器，不正确的安装将对机器的寿命和复印质量产生不良的影响，因此用户要认真阅读使用手册，并按使用手册提出的具体要求来操作。

（一）安放环境的要求

①避免安放在潮湿和多尘的环境，机器应远离水管、冰箱、暖气、空调等易引起空气潮湿的设施和物品。②避免阳光直射到机器上，以免塑料面板外壳变形以及杂光对曝光的干扰。③安放场所内应无汽油、酸、碱、氨水等腐蚀性大的易挥发油剂和物品，以免损害机器内的精密部件。④安放地面应平整，使复印机机座安放平稳、无晃动，机器四周要留有一定空间。⑤安放场所应具备良好的通风条件，以避免臭氧、废粉等对人体的危害。

（二）对电源的要求

①复印机一般要求电源电压为220V±5%、频率为50Hz的单相交流电（普通市电），电源电压如超过要求的范围时，应使用交流稳压电源。②不要与较大功率的电器（如空调机）共用一个电源。③电源接线、插座、保险、插头的标称安培数应与复印机的功率相匹配。④应给复印机安装可靠的接地线，不要将地线接在煤气管或自来水管上。

（三）复印机安装的一般顺序

①将主机水平安放在稳固的工作台上。②拆除复印机运输用的固定胶带和紧固件，一般以下部件应有固定胶带或紧固件：光学扫描架、感光鼓部件、定影装置、纸张输送部件、稿台盖板和前盖板等。③安装感光鼓，在感光鼓表面撒上安装粉，并把感光鼓装入机内，再在清洁刮板刃口上涂上安装粉。④装显影剂、硅油等消耗材料。⑤确认机内各齿轮、链轮、皮带轮的位置正确，机内各电控元器件的接插件牢固、可靠。⑥按照机内说明书安装自动输稿器、自动分页器、双面输纸器。⑦在供纸盒中装入复印纸，装好接纸盘、稿台架、原稿台等附件。⑧插上电源插头，准备开机调试。

总之，用户应严格按照机器说明书规定的步骤安装。此外，使用复印机前，墨粉盒应保存在阴凉干燥的地方，如暂时不使用不要拆除其包装；在安装过程中应避免碰触感光鼓，感光鼓的划痕和污迹将会污染复印品。

四、复印耗材的选用

（一）复印纸

复印纸是静电复印机中消耗量最大的材料，复印纸质量的好坏直接影响复印质量，使用质量低劣的复印纸容易造成卡纸、复印件字迹模糊、机器内部灰尘量增大等危害，因此必须正确选择、使用和保存复印纸张。

选购复印纸时应注意以下几个方面。

1. 厚度

静电复印机使用纸的厚度，一般在 $64\sim 80 \text{ g/m}^2$，有的复印机可以使用 $50\sim 200 \text{ g/m}^2$ 的普通纸。

2. 纸张密度

纸的纤维以密、细为好。因为纸的纤维过稀或过粗，一是会影响复印成像的质量，二是容易产生纸毛、纸屑，污染机器。特别是光学部分受到污染后，会使复印品产生底灰。纸太脆则容易折裂和造成卡纸，同时也影响复印速度和复印品的长期保管。

3. 纸张挺度

纸的挺度就是纸的质地坚挺程度。若挺度差时，纸容易在输纸通道内遇到一点阻力就起皱，以致阻塞。

4. 纸张湿度

湿度过高，墨粉就不可能完全粘在纸上。湿度太低，则静电荷就会变得过强，纸张就会缠绕在机器的表面上，造成机器卡纸。因此，复印纸应采取防潮包装，以免受环境温度、湿度的影响。

5.纸张平整度

纸要平整，裁切要整齐，纸的四角应均为直角，四边平直，无毛边，长、宽尺寸要标准，这样纸张通过机器时特别是在被加热定影时，才不会卷曲。

复印纸常用到的是 A 型纸和 B 型纸，其中最常用的规格有 A3、A4、B4、B5。复印纸的规格见表 3-3。

表 3-3 复印纸的规格

规格	幅面尺寸（mm）	规格	幅面尺寸（mm）
A0	841×1 189	B0	1 000×1 414
A1	594×841	B1	707×1 000
A2	420×594	B2	500×707
A3	297×420	B3	353×500
A4	210×297	B4	250×353
A5	148×210	B5	176×250

（二）墨粉

显影材料有两种类型。一种是双组份显影剂，由墨粉和载体组成（显影粉呈黑色，所以叫墨粉），墨粉在显影中起显示图像的作用，在显影的过程中是消耗的，而载体的作用是输送墨粉到光导体表面，在显影过程中是不消耗的。另一种是单组份显影剂，这是不需要载体的。目前在静电复印机中，双组份显影剂居主流地位。

优质的墨粉复印出的图像清晰，字体黑亮，复印图片时对比度反差强，层次分明，景深效果好。劣质墨粉将会直接影响复印效果，导致复印件上底色加重，文稿色泽深浅不一；劣质墨粉还会对复印机内部的硒鼓造成持续磨损，同时增加废粉量。因此，应选用品质可靠的墨粉，并选用与机型相对应的墨粉型号。此外，墨粉一旦用完应及时添加。

（三）载体

静电复印中，携带墨粉并使墨粉与静电潜像充分接触和吸附的介质称为载体。载体不直接参与显影，只是将墨粉"搬"到光导体上，在使用中没有损耗，但有寿命。常用的载体有玻璃球、钢球、铁粉等。

五、复印机操作规程

在操作复印机的过程中，用户应仔细观察操作面板上显示的提示和各种符号来判断机器当前的工作状态。根据不同的需要，用户可通过复印机上的操作面板键入各种操作指令，对复印机进行操作。

复印机的操作步骤一般包括以下几个。

（一）开机预热

接通复印机的主电源，操作面板上将显示出预热等待的信号。预热完成后会有声音提示，复印机即进入待机状态。如果机器没有装入纸盒或纸盒里没有纸，复印机将不能进入待机状态。如果机器有卡纸等故障，操作面板将显示相应的符号或故障代码。

（二）放置原稿

将原稿放置在原稿台上，不同型号的复印机有不同的原稿放置方法。一般有两种：一种是大多数复印机所采用的原稿中间定位方式；另一种是靠边定位方式。

（三）设定复印倍率

一般复印机都带有固定缩放倍率和可调节的缩放倍率功能。使用时可根据原稿件的尺寸与所需复印件的尺寸，来选择合适的复印倍率。固定缩放倍率，缩放只有固定的几档，如 A4→A3、B5→B4 等；可调节缩放倍率是用百分比来表示的，如一般复印机的缩放倍率可在 50%到 200%之间根据需要任意调节。如无须放大、缩小，可不必选择。

（四）复印纸尺寸选择

根据复印件尺寸的要求，将纸装入相应的纸盒，按下纸盒选择键，选中所需复印纸尺寸的纸盒。有些复印机带有自动纸张选择功能，即不必按纸盒选择键，机器可根据检测的原稿尺寸及用户所设的缩放倍率自动选择合适的纸盒。

（五）复印浓度调节

根据原稿纸张、字迹的色调深浅，应调节复印浓度。复印图片和印刷品，一般应将浓度调浅。如果复印机带有自动浓度选择功能，应优先采用自动方式，在采用自动方式不能满足要求时，再使用手动调节方式。

（六）设定复印份数

通常为保证复印品的质量，可在正式批量复印前进行试印。试印后，当复印件的质量被认可后，即可用数字键输入所需复印的份数。如果选错了复印份数可按清除键，然后再重新设定。

（七）开始复印

按下复印键，复印机自动复印出所设定数量的复印件。显示屏显示的复印数量将逐渐递增或递减，直至复印结束，显示复位。

（八）在连续复印过程中，需暂停复印

在连续复印过程中，如需暂停复印或插入新的文稿复印时，可以按下暂停键或插入键，这时机器将在完成一次复印的全过程后停止运转。

（九）纸张用完后自动停机

在连续复印过程中，送纸盒内的纸张用完需补充时，机器将自动停机。待纸张补充后按下复印键，机器将继续进行未完成的复印工作。

（十）卡纸后停机

复印过程中如发生卡纸，机器将自动停机。待取出卡在机内的纸张后，关好前门，并按动复位键，机器将继续进行未完成的复印工作。如果取纸时断开主机电源开关，重新开机再继续复印，复印计数将重新开始。

（十一）复印完成

复印完成后，及时整理取出复印品，打开盖板取出原稿，再放入另一原稿，重复以上步骤，开始进行第二次复印。如长时间不复印，应整理好纸盒、稿台，断开主机电源。

以上为复印机操作方法的基本顺序，各种型号的复印机的操作基本上大同小异。操作人员在操作前必须认真阅读随机附带的操作手册，以掌握正确的操作方法。

六、复印机的管理

（一）复印机的维护与保养

维护与保养复印机是提高复印质量、保证设备正常运转和延长设备使用寿命的重要前提。正确的维护与保养还能降低复印成本、提高机器利用率，减少维修次数，降低操作人员的劳动强度。

1.复印机的例行维护

复印机是精密产品，对元件表面精度要求很高，光学元件等在工作时不能有任何污染，因此操作人员每天应在复印前和复印结束后对复印机进行例行维护。日常例行维护工作的范围如下：复印前，先查看工作电源的电压是否符合复印机要求；将复印机室打扫干净，将台板、桌面的灰尘擦净，保持室内空气清新；揭开复印机外罩后，清洁复印机稿台盖板的表面及其他外表面；将当天需用的复印纸抖松，避免复印时纸张贴合过紧造成搓纸困难；揭开稿台盖板，清洁稿台玻璃。如机器被雨淋或机器内部进水，应立即关掉机器电源，向维修人员反映，进行检查维修。

2.复印机的保养

在复印机的运行过程中，它的光学系统、机械系统、电路系统，除了有正常的磨损，还受到来自复印机内部和外部的灰尘等杂物的污染，造成复印品质变差和设备运行故障。因此，相关人员需要对复印机进行定期保养。保养主要是对机器各系统进行清洁或进行局部调整、更换易损件等。保养工作通常是由专业技术人员来完成。

复印机的定期保养主要包括以下内容：

①光学系统的镜头、反射镜、曝光灯、反射壁、防潮玻璃等用吹气毛刷进行清扫，或用清洁的脱脂棉轻轻擦拭。②用脱脂棉蘸少许酒精擦拭光学部底盘

上的灰尘。③向光学部滑动部分加注适量的润滑油。④清洁各部分的清洁爪和刮板。⑤废粉盒的废粉及显影罐下方的散落色粉应清扫掉。⑥检查电晕丝是否需要更换；检查感光鼓、载体、定影辊等是否需要更换。⑦用静电测试版进行复印，检查复印质量是否有提高，如对复印质量仍不满意，可对高压、偏压及曝光量度等作细微调整，使复印质量达到令人满意的程度。

（二）复印机的常见故障与处理措施

随着复印技术的不断成熟，静电复印机的故障率也随之下降。但由于客观原因或人为操作的因素，复印机不可避免地会出现故障，所以操作人员需要对复印机产生的故障进行判断并作适当的处理。下面主要介绍在复印过程中，复印机常见的故障及处理措施。

1.故障的种类与表现

根据故障产生的原因、性质的不同，复印机故障可分成两类。

（1）硬性故障

硬性故障是指零部件、电器件等的损坏或烧坏，如保险丝烧断，集成芯片、传感器、定影灯和曝光灯烧坏，光学件破碎，感光鼓表面划伤等。这些问题严重的话，机器将会停止运转或无任何反应；问题小的复印机还可以复印，但复印品的质量和机器运行状态不稳定。

（2）软性故障

软性故障是指因零部件磨损、变形等损伤或不正确的保养、安装调试、更换耗材等造成的可修复的故障，通常表现为复印品质量不稳定、机器运行状态不稳定等。如底灰大、图像字迹不清，易卡纸、复印品不平整、重叠进纸、复印品质量时好时坏等。通常，复印机的常见故障是一些软性故障。

2.常见故障的判断与排除

复印机在复印过程中最常见的故障是卡纸、重叠进纸、墨粉不足、废粉过多等。具体见下表3-4。

表3-4 复印机常见故障、原因与处理措施

常见故障	原因	处理措施
输入部位卡纸	使用非标准的、潮湿和卷曲的纸张、重叠进纸等	拉出纸盒,将被卡的纸张拉出,重新插好纸盒
送纸区内卡纸	使用非标准的、潮湿和卷曲的纸张、重叠进纸等	打开复印机的两边侧盖,小心清除卡纸,然后关闭侧盖
定影区卡纸	使用非标准的、潮湿和卷曲的纸张、重叠进纸等	打开复印机的两边侧盖,转动输纸辊旋钮,按下定影装置解锁杆使清除更容易,拉出卡纸,然后关闭侧盖
传输区卡纸		打开复印机的两边侧盖,按下导板任一侧的凸柄,打开纸张导板,拉出卡纸,然后关闭侧盖
重叠进纸	纸张未梳理好、纸受潮或者纸盒弹力过大,纸张之间贴合过于紧密	把纸烘干并加以整理或者调整纸盒弹簧压力
纸盒不供纸	搓纸辊橡胶表面摩擦系数小,打滑;搓纸辊老化变硬或者纸盒弹簧松软	清洗或更换搓纸辊表面橡胶;调节纸盒弹簧压力;如果搓纸辊不旋转,应检查机械部分和电路部分
复印品底灰过大	墨粉过量与载体量比例失调,墨粉带电能力下降	减少墨粉量,消除复印品的底灰
复印品定影不牢	复印纸严重受潮、使用墨粉型号不正确	使用干燥的复印纸;使用同机型墨粉
复印品图像时隐时现	墨粉不足	补充墨粉。添加墨粉前应将墨粉简摇动几次,使结块的墨粉碎成粉末
复印品图像浅淡	复印浓度调节过低;墨粉受潮	将复印浓度适当调深;将墨粉放在通风处风干
复印品表面出现有规律的脏迹	机器内清洁刮板上堆积有废粉	清除刮板上残留的废粉;如清洁刮板老化,应及时更换
复印品背面出现黑色纵向条纹	机器的纸路有废粉堆积	清除供纸装置上残留的废粉
复印品图像模糊	感光鼓表面吸附有废粉	用脱脂棉球蘸少量酒精擦拭感光鼓表面残留的废粉,直至干净

任务三 数码速印机

数码速印机又称数码一体化印刷机,是通过数字扫描,热敏制版成像的方式进行工作的。它可以印出高质量的产品,印刷速度在每分钟100张以上,同时它还具有对原稿缩放印刷、拼接印刷、自动分纸控制等多种功能,绝大多数的机型还可以支持电脑打印直接输出的功能。数码速印机操作简单,而且印刷质量好、速度快、成本低,适用于一次性印刷量在数百至数千张的单位使用,如政府机关、大中型企业单位及学校等教育部门等,是目前主要的办公自动化设备之一。

数码速印机有很多品牌。下面就理光HQ9000产品作简单介绍。

一、数码速印机的结构与功能

从外形上看,一体化速印机和复印机非常相似,在功能上它与复印机也有许多相似之处。但是一体化速印机的工作原理和复印机有着本质差别,一体化速印机的印刷首先需要通过光学和热敏制版的原理,把需要印刷的内容印制在印版上,然后再通过印版进行印刷。在完成印刷后,这张印版就会报废,无法反复使用。

(一)数码速印机的外部部件及其功能

数码速印机外部主要由以下几个部件组成(图3-6是数码速印机外部结构示意图)。

①前门。打开前门可伸入机器内部。②控制面板。操作控制键和指示灯均位于该面板。③曝光玻璃盖板。印刷前需放下该盖板,压住原稿。④原稿托盘

现代办公设备操作与管理

释放拨杆。用来打开原稿托盘。⑤搓纸辊压力杆。用来调整搓纸辊的接触压力。⑥进纸导向板锁定杆。用于锁定或释放进纸导向板。⑦纸盘侧向微调旋钮。用来侧向移动进纸盘。⑧进纸盘。该纸盘上可放置将要印刷的纸张。⑨进纸导板。用来防止纸张歪斜。⑩进纸盘下降键。按该键，可降低进纸盘。⑪翻盖。用于保护翻盖下的按键。在使用翻盖下的按键时，需将翻盖翻起。

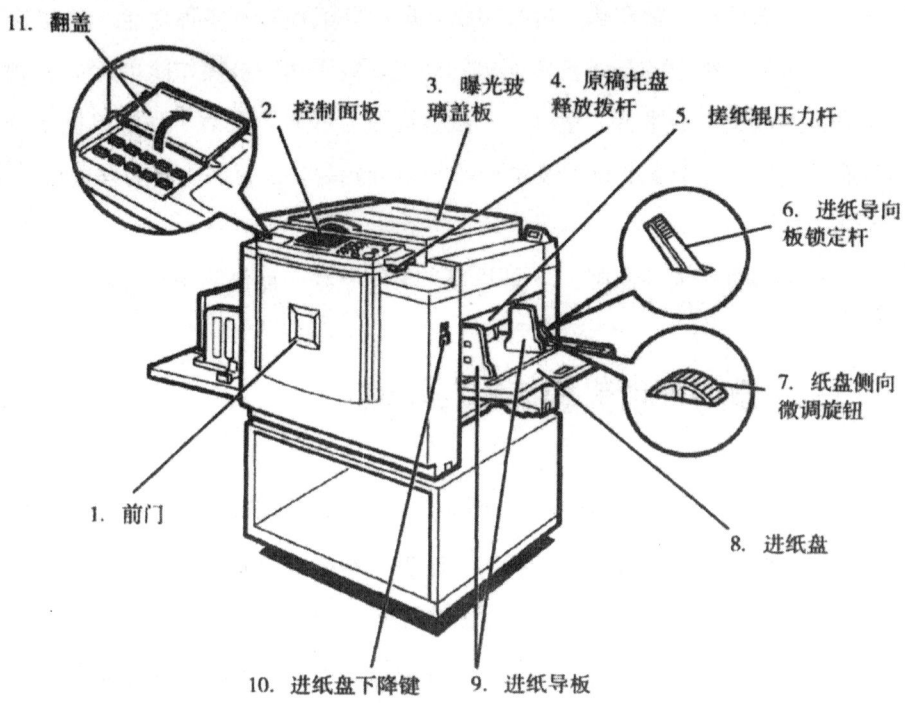

图 3-6 数码速印机外部结构示意图

（二）数码速印机的内部部件及其功能

数码速印机内部主要由以下几个部件组成（图 3-7 是数码速印机内部结构示意图）。

①送稿器。放入送稿器的原稿会被自动逐张送到曝光玻璃上，并自动逐

张排出。②输出纸导向板。用来对齐输出纸盘上的印刷件。③输出纸尾部挡板。用来对齐印刷件的前端部。④输出纸盘。完成的印刷件被输出到该纸盘上。⑤主开关。用来接通或断开电源。⑥印筒单元。版纸需包卷在该单元上。⑦印筒单元锁定杆。抬起该杆可释放并拉出印筒单元。⑧油墨支架。该支架上可放置油墨匣。

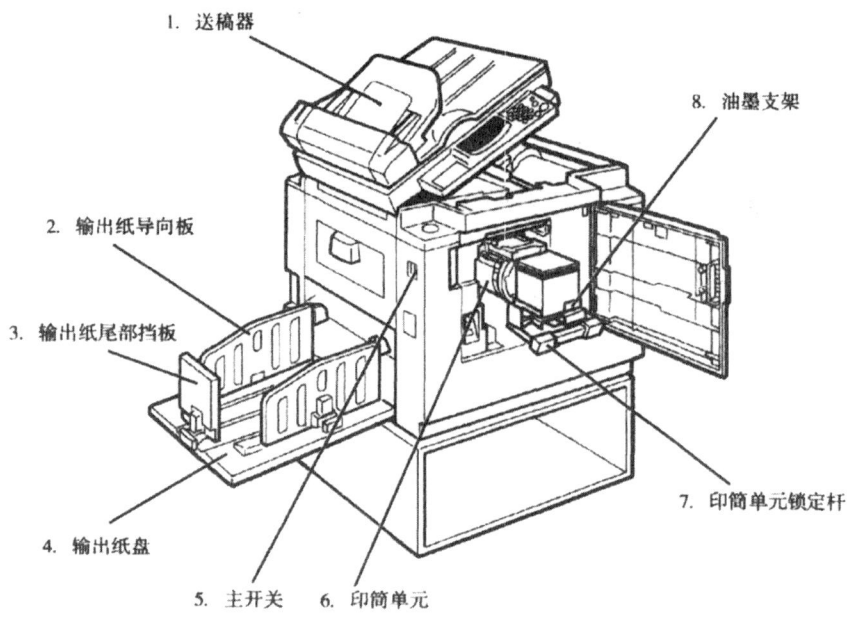

图 3-7 数码速印机外部结构示意图

二、数码速印机的印刷耗材

（一）油墨

数码速印机所用油墨不同于普通油墨，它由乳化剂将墨、水、油三者由里至外组成颗粒，成为速干油墨。一旦制版完成，就可用数量不多的油墨，印刷几千份纸张。数码速印机有很多型号,不同的机型需配用相对应的油墨的包装容器,油墨用完可随时添加。

油墨质量直接影响印刷品的质量,速印机使用的油墨应在印筒中不流涎、不滴漏、不溢墨、不甩墨,在滚筒上涂布均匀,容易透过蜡纸印版。

（二）版纸

数码速印机通常使用热敏蜡纸作为印版用纸。新型热敏蜡纸由热收缩性树脂膜、多孔涂料层和防粘层构成。制版时,受图文信号调制的热敏打印头使树脂膜温度升高,高温下的树脂膜缩成微小细孔,于是热敏蜡纸上就形成细孔网状的字体,印刷时油墨渗过孔网在印刷纸上印上油墨。

一张热敏蜡纸印刷数可达万份左右,热敏蜡纸的质量直接影响印刷效果,其应具有高强度、不变形、油墨渗出均匀等技术特性。

三、数码速印机的操作规程

数码速印机与静电复印机的操作类似,其全部功能控制都在操作面板上进行。一般可按以下的几个步骤进行操作。

（一）安装印刷纸

打开进纸台和输出纸台,按照印刷品的尺寸将相应的印刷纸张抖松、理齐,放入进纸台。速印机可使用普通纸印刷。

（二）开机制版

①打开主电源。②抬起曝光玻璃盖板,将原稿正面朝下放在曝光玻璃上。原稿应按照右侧刻度尺寸标记进行对中。选择原稿类型及制版尺寸大小。对照

原稿选择"文字/照片模式",按下"原大"键。③根据图文原稿浓度按动"图像浓度"键调整印刷图像浓度。④按下制版键后,原稿送入稿盖,开始扫描制版。制版结束后,机器自动输出一张印刷品,作为试印样张。

(三)调整图文参数

对制版后输出的样张不满意时,可对图文位置和墨色的浓度等进行适当调整。

(四)设置印刷份数

为保证印刷的质量,在正式批量印刷前必须进行试印。试印后,当印刷件的质量被认可后,可用数字键输入所需印刷的份数。

(五)印刷

按下印刷键,机器自动印刷出所设定数量的印刷件。印刷完毕,将印刷件从输出纸台中取出并整理好,将进纸盘和输出纸盘复位,然后关闭主电源。

四、数码速印机的耗材补充

(一)补充纸张

印刷过程中,需要补充纸张时可先按下"清除/停止"键,然后按下"进纸盘下移"键,将纸装入进纸盘。当进纸盘缺纸时,装纸指示灯亮,进纸盘自动会下移,方便装纸。

（二）添加油墨

添加油墨指示灯亮时，需要添加油墨。

①打开前门。②拉出油墨匣支架，取出用过的油墨匣。③去除新油墨匣盖。④把新油墨匣插入油墨匣支架。⑤将带箭头标记的部分稳固地插入导向板，使新油墨匣固定。

（三）更换版纸

若印刷前，发现版纸用完，需要更换新的版纸卷。

①打开原稿托盘。②打开右侧盖。③打开制版器盖。④取出已用完的版纸卷，拉出两端卷轴，将两端卷轴插到新的版纸卷中。⑤将新版纸卷安装到正确位置。⑥将纸卷轴稍稍反转，拉紧松弛的版纸，并对好版纸卷的前缘。⑦关上制版器盖。⑧关上侧盖，最后将原稿托盘放回原来的位置。

五、数码速印机的管理

（一）常见故障的排除

目前，各类数码速印机都具有故障自我诊断记忆功能。发生故障时，数码速印机就会根据故障发生的部位在操作面板上显示故障代码与符号，并停机。自诊记忆一般由故障代码与符号组合而成。符号表示故障性质，代码表示故障部位。操作人员和维修人员可以快速地根据故障代码与符号对故障点进行检查及排除。

（二）印刷中的质量问题

使用一体化速印机除了会遇到一些常见故障，有时也会出现一些印刷质量问题，常见的印刷质量问题主要有以下这些。

1. 印刷品背面有污迹

造成印刷品背面有污迹的主要原因是印筒单元与压力辊上沾有油墨。解决的方法是将这些油墨清洁干净。此外，印刷纸张小于原稿、纸张吸墨能力差以及在高温下印刷，也会造成印刷纸背面变脏。

2. 印刷品上有墨迹

这类问题通常是在制版时引起的。曝光玻璃盖板、曝光玻璃、热敏打印头等部位有灰尘或其他脏物时，都会引起版纸的质量问题，这类问题的主要解决方法是对这些部位进行清洁。此外，出纸爪可能接触到印刷纸，从而导致印刷品上出现黑线，若出现这种情况，可提高印刷速度或将图像浓度调浅后重制一张版纸。

（三）数码速印机的维护与保养

1. 操作的一般注意事项

①使用机器前需仔细阅读用户操作手册。②印刷过程中，勿关闭主电源、打开门或盖，避免移动机器。③除原稿外，勿在机器上放置任何物品，避免液体溅入机器。④机器长期不用，油墨可能变干，造成图像浓度下降，可以多印刷几份，直到图像浓度恢复正常为止。需使用一年内制造的油墨，存储时间较长的油墨会逐渐变干。⑤双面或多色印刷时，在下一次印刷前应让已印刷的纸张上的油墨干透，以免墨水粘在搓纸辊上，渗到印刷品上。⑥如果手上沾有油墨污迹，请避免油墨长时间或反复接触皮肤，可用无水洗手剂擦拭，然后用肥皂和水清洗。⑦印刷图像浓度随印刷速度和室内温度的不同而变化，需根据需要，调整印刷速度或调节室内温度。⑧制作一个版纸时，勿将曝光玻璃盖板或送稿器打开。⑨完成当天的印刷作业后，请务必关闭机器电源。

2. 日常保养

在使用数码速印机的过程中，做好数码速印机的日常保养工作，将会提高印刷的质量、机器的使用效率，并延长机器的使用寿命。数码速印机的日常保养以清洁为主，通常在每天印刷结束后，切断机器电源，对机器的外表面、曝光玻璃、曝光玻璃盖板、搓纸辊等做一次清洁工作。主要用干净的棉布和清水进行清洁。

3. 定期保养

除日常保养外，还需要对机器做定期保养，主要是对机器进行检查，发现问题及时排除。

定期保养时间可根据机器的养护和运行频次等规范确定。定期保养工作应由专业技术人员完成。

思考题

1. 说明打印机的工作原理。
2. 说明复印机的常见故障与处理措施。
3. 复印机与数码速印机的工作原理各是什么。

模块四　办公信息采集设备

导读：

如前文所述，办公信息采集设备有计算机、扫描仪、数码相机、数码摄像机、录音笔等。本模块主要介绍计算机和数码摄像机。

学习目标：

1. 了解计算机的安全操作。
2. 学习计算机一些常见故障的排除方法。
3. 了解数码摄像机的组成和性能指标。
4. 学习数码摄像机画面拍摄技法。

任务一　计算机

计算机现已成为人们生活中不可缺少的助手。为了让计算机能够更好地工作，作为计算机的使用者，我们应当掌握一些关于计算机的基础知识，了解一些计算机的常见故障及其检测方法，以便在自己的计算机出现问题时能第一时间解决。

一、计算机的基本概念

计算机是一种能够运行存储的程序,自动、高速处理海量数据的现代化智能电子设备。计算机系统由硬件和软件两部分组成,如图4-1所示。

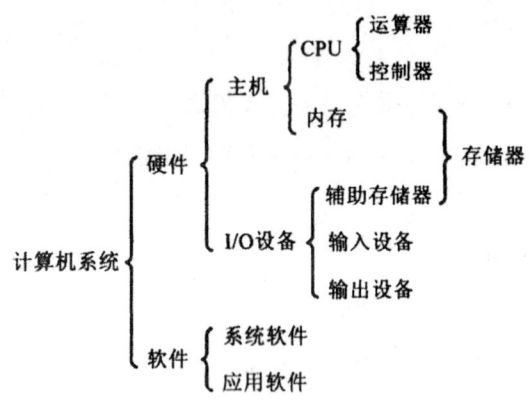

图 4-1　计算机系统的组成

硬件是指计算机系统中由电子、机械和光电元件等组成的各种物理设备的总称。这些物理装置按系统功能要求构成一个有机的整体,是计算机软件运行的物质基础。从图 4-1 可以看到,计算机硬件主要包括主机和 I/O 设备。

软件是看不见、摸不着的,它是计算机中使用的各种程序和数据文档的总称。程序是指按照特定顺序组织的计算机数据和指令序列的集合。软件存储在计算机的内存和辅助存储器中,如 RAM、ROM、磁带、磁盘、光盘、U 盘等。软件是计算机系统的"灵魂",好的软件可以充分利用硬件资源,提高系统的工作效率。

一般来讲,软件分为系统软件和应用软件。

(1) 系统软件

系统软件是指为了更加方便、高效地使用硬件资源而编写的控制和协调计算机各设备,为应用软件的开发和运行提供服务,并且无须用户干预的各种程序的集合。系统软件的主要功能是简化程序设计，提高计算机硬件的使用效率。系统软件通常包括操作系统、数据库管理系统、语言处理系统、网络管理软件和各类服务性程序。

（2）应用软件

应用软件是指计算机用户为了解决各种问题而编写的程序。应用软件涉及广泛，按照软件的功能划分常见的有：科学计算类软件、工程设计类软件、数据处理类软件、信息管理类软件、自动控制类软件等。

系统软件和应用软件的划分界线并不是很严格，一些具有通用价值的软件对设计者而言是应用程序，但对其使用者来说就是系统程序。

二、计算机的工作原理

从纯粹的硬件角度考虑，计算机是通过执行一系列基本操作来完成一个复杂的任务的。这里的"一系列基本操作"就是通常所说的程序，而其中的每一个基本操作就是一条计算机指令，计算机指令又称为"机器指令"。计算机工作的过程实质上是执行程序的过程。程序是由若干条指令组成的，计算机逐条执行程序中的指令就可完成一个程序的执行，从而完成一项特定的工作。

（一）指令的组成

指令就是让计算机完成某个操作所发出的命令，是计算机完成该操作的依据。一台计算机能够执行的所有指令的集合叫作计算机的指令系统。指令是指挥计算机工作的指示和命令，程序是一系列按一定顺序排列的指令。

计算机指令通常分为两个部分：一部分指出该指令执行什么操作，例如，加法、减法运算等，称为操作码；另一部分指出与操作相关的数据或者数据的地址，称为操作数。操作码表示运算性质，操作数指参加运算的数据及其所在的单元地址，执行程序和指令的过程就是计算机的工作过程。

机器指令通过计算机硬件执行，不同类型的计算机有不同的指令系统，用机器指令编写的程序也与计算机硬件有密切联系，其只能在特定类型的计算机上运行。

（二）执行指令

计算机执行指令一般分为两个阶段：第一阶段为取指令周期；第二阶段为执行周期。

1.取指令和分析指令

计算机在执行指令之前，首先从内部存储器中取出当前要执行的指令，将其送到 CPU 内部的指令寄存器中暂存，然后由指令译码器分析该指令的操作码与操作数，根据指令中的操作码确定下一步要执行的操作。

2.执行指令

控制器按照指令分析的结果，向各部件发出一系列的控制信号，指挥运算器等相关部件完成该指令的操作。与此同时为取下一条指令做好准备。第一条指令执行完毕后，计算机再从内存中读取下一条指令到 CPU 内执行，重复执行上述过程，直到所有指令执行完毕。

由此可见，计算机的基本工作原理就是计算机取出指令、分析指令、执行指令，再读取下一条指令，周而复始地执行指令序列的过程。自从 1946 年第一台电子计算机问世以来，几乎所有计算机的工作原理都相同。这一原理是美籍匈牙利数学家冯·诺依曼（John von Neumann）于 1946 年提出来的，故称为冯·诺依曼原理。

三、计算机的安全操作

（一）计算机对环境的要求

①理想的温度。计算机在运行时的理想温度为5～35℃，计算机的安放位置应尽可能地远离热源。

②合适的湿度。30%～80%的相对湿度，相对于计算机来说是最合适的。相对湿度太高会影响计算机配件的性能发挥，甚至引起一些配件的短路；相对湿度太低，则易产生静电。

③清洁的环境。灰尘侵入计算机内部，经过长期的积累后，会导致计算机内部散热困难，容易引起软驱、光驱的读写错误，严重时还会造成电路的短路，故计算机在运行一段时间后，应进行相应的清洁工作。

④远离电磁干扰。计算机经常放置在磁场较强的环境下，有可能造成硬盘数据的损坏，甚至这种强磁场还会使电脑出现一些莫名其妙的现象，如显示器会出现花屏、抖动等。

⑤稳定的电源。如果电压不够稳定，最好给电脑配备一台稳压电源，突然断电时，稳压电源能立即给计算机供电，以保护软、硬件不受损坏，并保证计算机正常工作。

（二）计算机的日常保养和维护

要想最大限度地延长计算机的使用寿命，对其进行保养和维护是非常重要的。一般的计算机维护有以下几点：

①正常开关机。开机的顺序是：先打开外部设备（如显示器、打印机和扫描仪等）的电源，再打开计算机主机电源。关机顺序则相反：先关闭计算机主机电源，再关闭外设电源。

②不要频繁地开关机。

③定期清洁电脑。

④在增加或拔除计算机的硬件设备时，必须要先断电，并确认自身身体不带静电时才可以操作。

⑤在接触电路板时，不应用手直接触摸电路板上的铜线及集成电路的引脚，以免人体所带的静电击坏这些器件。

⑥计算机在通电之后，不应随意移动和震动电脑，以免由于震动而造成硬盘表面的划伤，以及其他意外情况的发生。

（三）计算机故障的分类

计算机的故障可以分为硬件故障和软件故障两大类，下面分别进行介绍。

1.硬件故障

硬件故障是指计算机硬件系统使用不当或硬件物理损坏所造成的故障，如显示器无法显示，元器件、集成电路等出现故障。硬件故障可以分为以下两个方面。

（1）硬件自身故障

硬件自身故障是指各种板卡、外设、集成电路等出现的故障，属于硬件物理损坏。这种故障会导致整个系统或外设无法正常工作，一般由外界环境、操作不当、硬件质量低劣或硬件自然老化引起。解决这种故障的办法就是更换硬件。

（2）接触不良

接触不良是指在硬件部件和外设均完好无损的情况下，由于使用人员的粗心大意而造成的故障，一般表现在CPU、显卡、内存条与主板之间的数据线、电源线、音频线的接触不良。对于这种故障，解决的办法就是将接触不良的配件重新连接好。

2.软件故障

软件故障是指由软件出错或不正确的操作所引起的故障。软件故障通常有以下几个方面。

（1）驱动程序故障

驱动程序故障是由驱动程序安装不正确或硬件不兼容引起的。要想解决这种问题，一般需要重新安装与硬件相匹配的程序。

（2）病毒的破坏

病毒对计算机的影响比较严重，轻则影响机器的速度，重则可使机器瘫痪。

对于感染病毒的计算机，在防病毒方面要时刻警惕所用的外部存储器，因为这些很可能就是病毒的传染源。

（3）BIOS（基本输入输出系统）的设置问题

BIOS 设置中，参数没有设置或设置错误，计算机都会出现故障。在设置 BIOS 时，要根据 BIOS 的设置手册进行，避免由于 BIOS 设置不正确所引起的故障。

（四）计算机故障常见的检测方法

1.清洁法

对于机房使用环境较差，或使用较长时间的机器，应首先进行清洁。可用毛刷轻轻刷去主板、外设上的灰尘。另外，由于板卡上一些插卡或芯片采用插脚形式，震动、灰尘等其他原因常会造成引脚氧化，接触不良。可用橡皮擦擦去表面氧化层，重新插接好后开机检查故障是否排除。

2.观察法

观察法就是主要通过看、听、闻、摸来判断故障原因。"看"即观察系统板卡的插头、插座是否歪斜，电阻、电容引脚是否相碰，表面是否烧焦，芯片表面是否开裂，主板上的铜箔是否烧断。除此之外，还要查看有无异物掉进主板的元器件之间（造成短路），也可以看看板上是否有烧焦变色的地方，印刷电路板上的走线（铜箔）是否断裂等。"听"即听电源风扇、软/硬盘电机或寻道机构、显示器变压器等设备的工作声音是否正常。另外，系统发生短路故障时常常伴随着异常声响。"闻"即辨闻主机、板卡中是否有烧焦的气味，便于发现故障和确定短路所在部位。"摸"即用手按压管座的活动芯片，看芯片是否松动或接触不良。另外，在系统运行时用手触摸或靠近CPU、显示器、硬盘等设备的外壳，根据其温度可以判断设备运行是否正常。用手触摸一些芯片的表面，如果发烫，则该芯片很可能已损坏。

3. 拔插法

计算机系统产生故障的原因很多，主板自身故障、I/O总线故障、各种插卡故障等均可导致系统运行不正常。拔插法是确定故障在主板还是在I/O设备的简捷方法。该方法就是关机将插件板卡逐块拔出，每拔出一块板卡就开机观察机器的运行状态，一旦拔出某块板卡后主板运行正常，那么系统产生故障的原因就是该插件板有问题或相应I/O总线插槽及负载电路有问题。若拔出所有插件板卡后系统启动仍不正常，则很有可能是主板出现故障。拔插法还可用于检测芯片、板卡与插槽接触不良的问题。

4. 交换法

将同型号插件板或总线方式一致、功能相同的插件板与同型号芯片相互交换，根据故障现象的变化情况判断故障所在。此法多用于易拔插的维修环境，例如内存自检出错时，可交换相同的内存芯片或内存条来判断故障部位，若交换后故障现象变化，则说明交换的芯片中有一块是坏的，可进一步通过逐块交换来确定故障部位。如果能找到相同型号的微机部件或外设，使用交换法可以快速判定是不是元件本身的质量问题导致的计算机故障。

5. 升温、降温法

人为升高计算机运行环境的温度，可以检验计算机各部件（尤其是CPU）的耐高温情况，便于及早发现事故隐患。人为降低计算机运行环境的温度时，如果计算机的故障出现率大为减少，说明故障出在高温或不能耐高温的部件中，此举可以帮助缩小故障诊断范围。事实上，升温、降温法采用的是故障促发原理，以制造故障出现的条件来促使故障频繁出现以观察和判断故障所在的位置。

6.程序测试法

随着各种集成电路的广泛应用，焊接工艺越来越复杂。同时，随机硬件技术资料较缺乏，仅靠硬件维修手段往往很难找出故障所在。而通过随机诊断程序、专用维修诊断卡，或者根据各种技术参数（如接口地址），自编诊断程序来辅助硬件维修，则可达到事半功倍之效。程序测试法的原理就是用软件发送数据、命令，并通过读线路状态及某个芯片（如寄存器）状态来识别故障部位。此法往往用于检查各种接口电路及具有地址参数的各种电路的故障。但此法应用的前提是 CPU 及总线基本运行正常，能够运行有关诊断软件，能够运行装于 I/O 总线插槽上的诊断卡等。编写的诊断程序要严格、全面、有针对性，能够让某些关键部位出现有规律的信号，能够对偶发故障进行反复测试以及能显示、记录出错情况。软件诊断法要求诊断人员具备熟练的编程技巧、熟悉各种诊断程序与诊断工具、掌握各种地址参数以及电路组成原理等，尤其要掌握各种接口单元正常状态的各种诊断参考值，这些是有效运用软件诊断法的前提。要注意的是，平时常见的计算机故障现象中，有很多并不是真正的硬件故障，而是由于某些不为人知的设置或系统的新特性而造成的假故障现象。认识一些计算机假故障现象有利于快速确认故障原因，避免不必要的故障检索工作。以下是一些常见的假故障成因。

（1）电源问题

很多外围设备都是独立供电的，运行计算机时只打开计算机主机电源是不够的。例如：显示器电源开关未打开，会造成"黑屏"和"死机"的假象；外置式 Modem 电源开关未打开或电源插头未插好，计算机就不能传送文件等。碰到独立供电的外设故障现象时，首先应检查设备电源是否正常、电源插头/插座是否接触良好、电源开关是否打开。

(2) 连线问题

外设跟计算机之间是通过数据线连接的，数据线脱落、接触不良均会导致该外设工作异常。例如，显示器接头松动会导致屏幕偏色、无显示等；打印机放在计算机旁并不意味着打印机与计算机已连接，应亲自检查各设备间的线缆连接是否正确。

(3) 设置问题

例如显示器无显示很可能是行频调乱、宽度被压缩，甚至只是亮度被调至最暗；音箱放不出声音也许只是音量开关被关掉；硬盘不被识别也许只是主盘、从盘跳线位置不对等。详细了解外设的设置情况，并动手试一下，有助于发现一些原本以为必须更换零件才能解决的问题。

(4) 系统新特性

很多"故障"现象其实是硬件设备或操作系统的新特性。如带节能功能的主机，在一段时间无人使用计算机或无程序运行后会自动关闭显示器、硬盘的电源，在我们敲一下键盘后就能恢复正常。如果我们不知道这一特征，就可能会认为显示器、硬盘出了问题。

任务二　数码摄像机

数码摄像机就是 DV。DV 是 Digital Video 的缩写，译成中文就是数字视频的意思，它是多家著名家电巨擘联合制定的一种数码视频格式。然而，在绝大多数场合 DV 即代表数码摄像机。

一、数码摄像机的工作原理和特点

（一）工作原理

数码摄像机的工作原理，简单地说就是光—电—数字信号的转变与传输，即通过感光元件将光信号转变成电流，再将模拟电信号转变成数字信号，然后由专门的芯片处理和过滤这些数字信号，并将得到的信息还原出来，这就是我们看到的动态画面。

数码摄像机的感光元件能把光线转变成电荷，电荷通过模数转换器芯片转换成数字信号。感光元件主要有两种：一种是广泛使用的 CCD 元件；另一种是 CMOS 器件。

（二）特点

1.清晰度高

模拟摄像机记录的是模拟信号，所以影像清晰度（也称为解析度、解像度或分辨率）不高，如 VHS 摄像机的水平清晰度为 240 线，最好的 Hi8 机型也只有 400 线。而数码摄像机记录的则是数字信号，其水平清晰度已经达到 500~540 线，可以和专业摄像机相媲美。

2.色彩更加纯正

数码摄像机的色度和亮度信号带宽差不多是模拟摄像机的 6 倍，而色度和亮度带宽是决定影像质量的两个重要因素，因而数码摄像机拍摄的影像的色彩更加纯正，几乎达到了专业摄像机的水平。

3.无损复制

数码摄像机磁带上记录的信号可以转录无数次，且影像质量丝毫不会下降。这一点是模拟摄像机所望尘莫及的。

4. 体积小、重量轻

和模拟摄像机相比，数码摄像机的体积较小，一般只有 123 mm×87 mm×66 mm 左右。与此同时，重量也大为减轻，一般只有 500 g 左右，极大地方便了用户。

5. 操作方便

数码摄像机的液晶显示屏可以旋转 270°，方便摄像者在低和高的位置进行拍摄以及自拍。彩色液晶显示屏还可显示用光和色彩方面的效果，可以方便地与计算机连接，数码摄像机一般带有 IEEE 1394 接口，可以快速地将数字视频素材采集到计算机。

二、数码摄像机的分类

目前，数码摄像机的生产厂家各异，分类方法也不一样。随着科技的不断发展以及元器件的不断更新换代，数码摄像机的种类也越来越多。

下面简要介绍一下数码摄像机的几种分类情况。

（一）按照使用用途分类

1. 广播级机型

这类机型主要应用于广播电视领域，图像质量高，性能全面，但价格较高，体积也比较大。它们的信噪比比较大，拍摄出来的图像质量相当好。

2. 专业级机型

这类机型一般应用在广播电视以外的专业电视领域，如电化教育等，图像质量次于广播级摄像机，不过近几年一些高档专业摄像机在性能指标等很多方面已超过旧型号的广播级摄像机，价格一般在数万元至十几万元。

相对于消费级机型来说，专业摄像机不仅外形更酷，而且在配置上要高出不少，比如采用了有较好品质表现的镜头、CCD 的尺寸比较大等，在成像质量和适应环境方面性能更为突出。

3.家用级机型

这类机型主要应用在对图像质量要求不高的非业务场合，比如家庭娱乐等。这类摄像机体积小，重量轻，便于携带，操作简单，价格便宜。在要求不高的情况下，可以用它制作家庭的 VCD、DVD，这类摄像机的价格一般在数千元至万元。

如果再把家用数码摄像机细分的话，大致可以分为以下几种：入门数码摄像机、中端消费级数码摄像机和高端准专业数码摄像机。

高清数码摄像机采用 HDV 标准（即数字高清标准），使用它可以方便地录制高质量、高清晰度的影像。高清数码摄像机采用数码摄像机带作为存储介质，它可以保证播放录像的时候不降低图像质量。采用 HDV 标准的数码摄像机拍摄出来的画面可以达到 720 线的逐行扫描效果（分辨率为 1 280×720）以及 1 080 线的隔行扫描效果（分辨率为 1 920×1 080）。图 4-2 即为高清数码摄像机。

图 4-2　高清数码摄像机

（二）按照存储介质分类

1. 磁带式

这是指以 Mini DV 为记录介质的数码摄像机，最早在 1994 年由 10 多个厂家联合开发而成。DV 带的摄像机，记录的格式是 AVI 原始影像，因为不压缩，所以信号不失真，记录质量高。采集 DV 带的视频数据需要有视频采集卡，也可以通过 1394 采集卡将数字视频信号采集到计算机。

2. 光盘式

这是指 DVD 数码摄像机。操作简单，携带方便，拍摄中不用担心重叠拍摄，更不用浪费时间倒带或回放，尤其是可直接通过 DVD 播放器即刻播放，省去了后期编辑的麻烦。

DVD 数码摄像机是目前所有的介质数码摄像机中安全性、稳定性最高的，既不像磁带数码摄像机那样容易损耗，也不像硬盘式数码摄像机那样对防震有非常苛刻的要求。不足之处是，DVD 光盘的价格与磁带的相比略微偏高，同时，激光头的寿命大多是一两年，可刻录的时间相对短了一些。

3. 硬盘式

这是指采用硬盘作为存储介质的数码摄像机。硬盘摄像机具备很多优点，尤其是人们外出拍摄时不用再携带大量的 Mini DV 磁带或 DVD 光盘，让外出拍摄变得更加简便，而且可以节省大量资金。大容量硬盘摄像机能够支持长时间拍摄，向计算机传输拍摄素材时，仅需应用 USB 连线与计算机连接，就可轻松导出素材。但目前硬盘式摄像机也存在体积大、重量重、怕震、价格高等缺点。采用存储卡记录是摄像机的一个发展方向。

4. 存储卡式

这是指采用存储卡作为存储介质的数码摄像机。现在用于记录数据的大容量闪存卡，与数码相机的存储卡一样，不但可以用来存储拍摄的静像，也用于存储拍摄的动态画面。随着科技的发展，目前高清闪存数码摄像机以其存储容量大、携带方便、体积小、能超长续航拍摄的特点受到越来越多使用者的青睐。

(三) 按照传感器类型和数目分类

1.传感器类型：CMOS 与 CCD

CCD：用一种高感光度的半导体材料制成，能把光线转变成电荷，这些电荷再通过模数转换器芯片可转换成数字信号。

CMOS：和 CCD 一样，是在数码摄像机中可记录光线变化的半导体。

在相同的分辨率下，CMOS 比 CCD 便宜，但是 CMOS 器件产生的图像质量比 CCD 的要低一些。到目前为止，市面上绝大多数的高端数码摄像机都使用 CCD 作为感应器；CMOS 则作为低端产品应用于一些摄像头上，不过有些高端的产品也采用了特制的 CMOS 作为光感器。

2.传感器数目：单 CCD 与 3CCD

图像感光器数量即数码摄像机感光器件 CCD 或 CMOS 的数量。多数的数码摄像机采用了单 CCD 作为其感光器件，而一些中高端的数码摄像机则是用 3CCD 作为其感光器件。

单 CCD，是指摄像机里只有一片 CCD，其用来进行亮度信号及色度信号的光电转换。由于一片 CCD 要同时完成亮度信号和色度信号的转换，因此拍摄出来的图像在彩色还原上达不到很高的要求。

3CCD，顾名思义就是一台摄像机使用了三片 CCD。我们知道，光线如果通过一种特殊的棱镜后，会被分为红、绿、蓝三种颜色，而这三种颜色就是我们电视机使用的三基色，通过这三基色，就可以产生包括亮度信号在内的所有电视信号。如果用 CCD 去接收各种颜色，并将其转为电信号，那么经过电路处理后，就构成了一个 3CCD 系统。它几乎可以原封不动地显示影像的原色，不会因经过摄像机演绎而出现色彩误差的情况。

三、数码摄像机的组成

和数码相机相比，数码摄像机的结构要复杂得多。简要而言，数码摄像机主要由取景系统、控制系统、播放系统、成像系统、存储系统和电源六个部分组成。

（一）取景系统

取景系统是由数码摄像机获取图像的相关部件，如镜头、电子取景器、液晶显示屏等构成的，其作用是使拍摄者通过它们看到所拍摄的影像。

其中，镜头是数码摄像机中摄取景物的关键部件。在拍摄景物时，景物的光学信息必须经过数码摄像机的光学镜头才能在感光器件上成像。最简单的镜头就是一片凸透镜。

数码摄像机的电子取景器和单反相机的取景器不同，它是把一块微型液晶屏放在取景器内部，通过一组取景目镜来观察液晶显示屏，有一定的放大倍数（见图4-3）。它的优点是可以避免因开启取景器液晶显示屏而过度消耗电量，拍摄时关闭液晶显示屏，可以节省电量，从而延长拍摄时间和电池的使用寿命。在室外拍摄时，它还可以避免因液晶显示屏反光导致的取景误差。电子取景器同彩色液晶显示屏一样，可以用来回放、预览和进行菜单操作，用起来非常方便。

模块四　办公信息采集设备

图 4-3　数码摄像机取景器

液晶显示屏是取景系统的另一种形式，是数码摄像机的一个重要组成部分。液晶显示屏从图像传感器 CCD 或 CMOS 中直接提取图像信息，它能把所拍图像直接显示出来，不仅用于取景，还能够查看所拍摄的图像，同时也可以显示数码摄像机的功能菜单。液晶显示屏的缺点是耗电量很大，且易受环境光的影响，在电源电压不足的时候该缺点尤为明显。

（二）控制系统

数码摄像机的控制系统是由可操作控制的部件构成的，其作用是通过对其操控使图像聚焦更清晰，曝光更准确，色彩更真实，并将其完整保存下来。它一般由聚焦环和聚焦键、逆光键、菜单键、曝光键、电动变焦杆、电源开关、Start/Stop 键、播放键等组成。

1.聚焦环和聚焦键

这是调整摄像机聚焦的控件，当拍摄者需要手动聚焦时，就需要调整这两个控件。使用时在 CAMERA 方式下，轻按 FOCUS 键，这时手动调焦指示出

127

现代办公设备操作与管理

现，然后转动聚焦环使焦点清晰。

2.逆光键

当拍摄对象背后有光源时，就需要使用逆光键了。它能够解决因背光带来的曝光问题，使用时只需按一下该键即可。

3.菜单键

按这个键后，在取景器上将出现菜单设置画面，在这里可以转动 SEI/PUSH EXEC 拨盘进行各种设置。如果需要退出菜单，只需再按一次该键即可。

4.曝光键

一般摄像机都是自动曝光的，但是在拍摄对象逆光、拍摄对象明亮而背景暗或者要如实地拍摄黑暗图像时，这个功能就非常有用了。使用时首先按一下曝光键，然后转动拨盘调整亮度直到需要的程度即可。

5.电动变焦杆

使用电动变焦杆能够快速准确地调整焦距，稍微移动电动变焦杆能够进行较慢的变焦，大幅地移动它则进行快速的变焦，适当使用变焦功能可以获得质量更高的影像。"T"侧用于望远拍摄，即将拍摄对象推近；而"W"可将拍摄对象拉远。

6.电源开关

它是控制摄像机的总管，数码摄像机大都是采用限位式操作的。摄像机的电源开关有录像查看（VCR）、摄像机关机（OFF）、摄像机拍摄（CAMERA）以及静态图像拍摄（MEMORY）等四种状态。

7.START/STOP 键

这是摄像机的开始和结束拍摄键。在准备好的情况下，按 START/STOP 键摄像机开始拍摄，REC 指示出现，位于摄像机前面的摄像指示灯亮。如果要停止摄像，再按一次 START/STOP 键即可。

（三）播放系统

播放系统用来播放已录好的影像，利用它可以进行快速倒带、前进、播放等操作。

播放系统主要操作键及功能如下：

PLAY——播放键。数码摄像机装入磁带后，按下此键，开始播放录像。

REC——记录键。摄像机做录像机使用时使用该键，记录前，连接好视频线、音频线或射频线，将选择开关置于 VCR 位置，装入录像带，然后按下此键，数码摄像机就开始记录。

STOP——停止键。按下此键，数码摄像机将解除记录、重放、倒带、快进等一切状态而进入停机状态。

REW——快倒带键。

FF——快速前进键。

PAUSE——暂停键。

SLOW——慢动作按钮。

SP/LP——记录速度按钮。

（四）成像系统

数码摄像机的成像系统主要由镜头、图像传感器、数字信号处理器、图像数据压缩器组成。其核心部件是图像传感器，即 CCD，CCD 的质量水平（像素多少和面积大小）不仅决定了数码摄像机的成像品质，也反映出数码摄像机的档次和性能。

（五）存储系统

数码摄像机的存储系统可分为两部分。一是用于录像的录像带。它是高密度的信息储存与转换媒体。大容量闪存卡出现之前,数码摄像机一般都使用 DV

录像带，但也有部分摄像机采用了 DVD-RAM、微型硬盘等新型记录媒体。二是用于记录数据的大容量闪存卡，比如 SD、SDHC、SDXC 等存储卡。

（六）电源

摄像机所用的直流电源均为封闭型蓄电池，现大都使用锂离子电池，其使用起来十分安全。在外携拍摄时，充电电池是必备的电源。电池是摄像机的动力源泉，在拍摄前要多准备一些电池，以确保在拍摄过程中不会因电量不足而错过每个宝贵的片段。

此外，一般数码摄像机还提供交流电源的插口，在室内使用摄像机时，可以将充电器的直流输出接口直接插入摄像机的 DC IN 供电，也可以使用交流电源来供电。

四、数码摄像机的主要性能指标

（一）像素

数码摄像机的像素数包括有效像素数和最大像素数。有效像素数是指真正参与感光成像的像素值，而最高像素的数值是感光器件的真实像素值，这个数据通常包含了感光器件的非成像部分，如 SONY S60E 摄像机总像素数为 107 万像素，而有效像素是 70 万像素，因为 CCD/CMOS 有一部分并不参与成像。

多数的数码摄像机采用了 CCD 作为其感光器件，一些低端（包括部分高端型号）的数码摄像机采用了 CMOS 元件，而接近专业级的数码摄像机是用 3CCD 作为其感光器件。3CCD 数码摄像机的像素，每片 CCD 的像素在 34 万~45 万之间，也就是说，其总像素是在 102 万~135 万。而民用单 CCD 数码摄像机的像素反而比 3CCD 的要高，像索尼、松下、夏普这些数码摄像机的制造商，可以把民用数码摄像机的总像素提高到 300 万。不过对于家用摄像机来说，80 万像素已经够用了。

（二）镜头

数码摄像机的镜头是决定数码摄像机成像质量的重要因素。首先，要看光学变焦倍数，光学变焦倍数越大，拍摄的场景大小可取舍的程度就越大，便于拍摄的时候构图；其次，要看镜头口径，如果口径小，即使像素再大，在光线比较暗的情况下也拍摄不出好的效果来。

（三）光学变焦

光学变焦能力是镜头最主要的性能指标。所谓光学变焦，是指依靠光学镜头的结构来实现变焦功能。数码摄像机的光学变焦方式就是通过镜片的移动来放大与缩小需要拍摄的景物（见图 4-4）。光学变焦倍数越大，数码摄像机就能拍摄到越远的景物。变焦的倍数自然是越大越好，但是变焦倍数越大，就要求镜头有越大的位移空间，这将不可避免地导致数码摄像机的大型化。

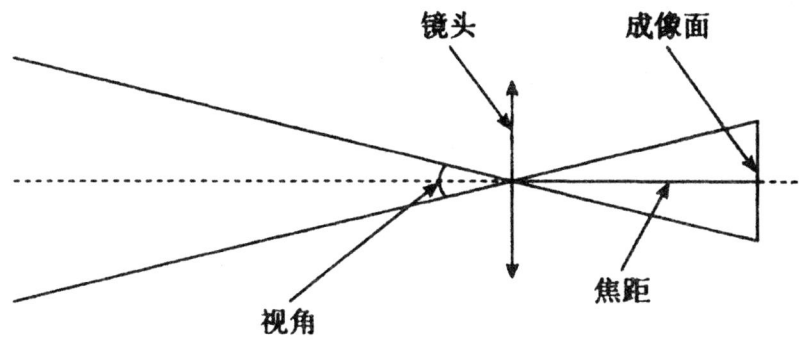

图 4-4 数码摄像机的光学变焦

光学变焦和数码变焦的区别：光学变焦是通过镜头、物体和焦点三方的位置发生变化而产生的。当成像面在水平方向运动的时候，视觉和焦距就会发生变化，更远的景物就会变得更清晰。

数码变焦实际上是画面的电子放大，把原来 CCD 上的一部分像素使用"插值"处理手段放大。通过数码变焦，拍摄的景物放大了，但它的清晰度会有一定程度的下降，所以数码变焦并没有太大的实际意义。

改变视角有两种办法：一种是改变镜头的焦距，就是光学变焦，通过改变变焦镜头中的各镜片的相对位置来改变镜头的焦距；另一种就是改变成像面的大小，即成像面的对角线长短。

一般镜头越长的数码摄像机，内部的镜片和感光器移动空间越大，变焦倍数也更大。市面上的一些 CMOS 数码摄像机，一般没有光学变焦功能，因为其机身内部不允许感光器件移动，如今的数码摄像机的光学变焦倍数大多在 20~25 倍，不过部分摄像机也有 32 倍的光学变焦。

（四）接口类型

在数码摄像机上常用的接口有两种：一种是 IEEE 1394 接口，这是把 DV 带上的内容下载到计算机中或者非编辑工具上的必要接口；而另一种是 USB 接口，这主要是为了方便地把存储卡上的内容下载到计算机中。

（五）显示屏尺寸

数码摄像机与传统磁带摄像机最大的一个区别，就是它拥有一个可以及时浏览图像的屏幕，即显示屏，一般为液晶结构。数码摄像机显示屏尺寸，即数码摄像机显示屏的大小，一般用英寸来表示，常见的有 1.8 英寸、2.5 英寸、3.5 英寸等。

五、数码摄像机的主要拍摄方法

（一）推

被摄主体位置不变，摄像机向被摄主体推进。推镜头是指由大画面向小画面连续过渡的拍摄方法（见图 4-5）。推的效果是从整个环境中突出主体。

推是一种强调手段，推的过程是引导观众视线集中在主体上的过程，重要的在于推的主体是什么，而不是推的过程。在一个推镜头中，最重要的是落幅，即运动镜头终结的画面。它是推镜头的核心和引起推进的动机，镜头最后落在哪儿、落在什么主体上直接关系到整个镜头的表现目的。因此，对落幅画面的内容和构图，一定要有明确的设计。

在推的过程中，应始终注意保持主体在画面的中心位置，不要偏离，但并非主体一定要在画面的正中。

（二）拉

拉镜头与推镜头过程相反，它是从局部开始逐渐向外展开的拍摄方法。（见图 4-5）

拉的效果是描写被摄主体与周围人物、整个环境的关系，以及被摄局部与整体的关系。拉是一种展示手段，没有强调的含义，只是对环境、空间和气氛的展示。

拉镜头中最重要的是起幅，即运动镜头开始的画面。起幅中的内容是整个拉镜头的灵魂，所拉出的环境内容应与起幅构成一种情节关系。否则，拉之无物观众就会失望。

推、拉镜头不仅可以依靠移动机位来进行，还可以通过变换摄像机镜头的焦距来实现。不同之处在于，移动机位的推、拉，镜头的视角不变，只是摄像机与被摄主体的距离改变，引起画面中被摄主体变大或变小，被摄主体与周围景物的相对位置也发生变化。变换摄像机焦距的推、拉，画面中被摄主体和周围景物的相对位置不会发生变化。

推、拉镜头通过改变焦距的方式完成时，要注意调准焦距后再开始拍摄。应少用连续的、多次的推、拉镜头。

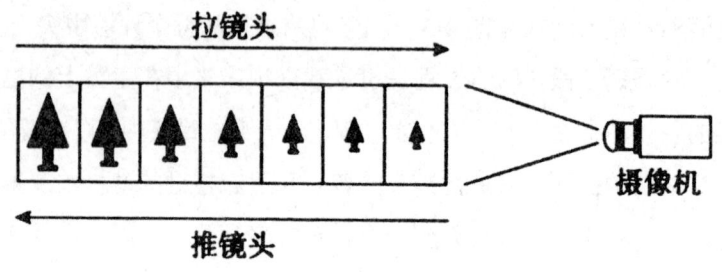

图 4-5　推拉镜头示意图

（三）摇

摇镜头是指在拍摄过程中，摄像机的位置不变，只是机身上下（俯仰）或左右摇动。水平方向连续地向一个方向摇，就形成旋转拍摄，它用于表现四周的景物或做环形运动的被摄对象（如运动场上沿跑道跑步的运动员）。摇的速度较快时可以得到影像模糊不清的画面，通常用于表示时间或空间的转移，称为"甩"镜头。

摇拍的方向要按画面的内容、物体运动方向和其他表现需要来确定。

摇镜头可扩大视野，能建立同一空间中各形象间的关系，如图 4-6 所示。

使用时，一要注意构图完整，二是内容要有特色，三是摇镜头的幅度不可太大。控制运动速度，使其保持均匀，运动的速度和所要表现的情绪有一定的对应关系。一般来说，慢速适合表现悲伤、沉重、忧郁等低落的情绪；中速适合表现客观、冷静、悠闲等中性情绪；快速主要用于表现欢乐、兴奋、活泼、激动、紧张等情绪。

模块四 办公信息采集设备

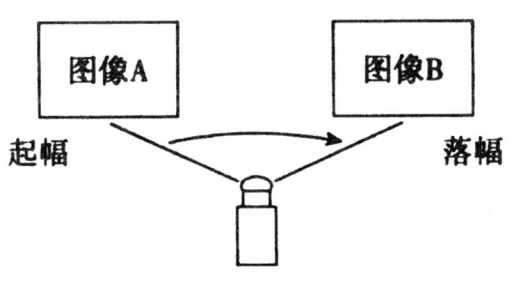

图 4-6 摇镜头示意图

摇拍时应注意以下几点：

①进行摇拍时，一定要平稳地移动摄像机的镜头。最好使用三脚架，这样有利于拍摄出稳定的画面。若为手持机，其基本姿势为：首先将两脚分开约 50 cm，脚尖稍微朝外成八字形，再转动腰部。这样可以使得摇拍的动作进行得更为平稳。②摇拍的时间不宜过长或过短。根据经验，拍摄一组镜头以约 10s 为宜。③一组摇拍的镜头应该有明确的开始与结束，在起幅和落幅的画面上要稳定停留一段时间，一般来说 3 s 左右就够了，这样拍摄出来的画面看起来比较稳定、自然。落幅时若无停留，将会给人没有结束和不完整的感觉。

摇拍分上下摇拍和左右摇拍两种，就是摄像机的位置不变，依靠变动摄像的角度去拍摄。

在实际拍摄中，需要进行摇拍而又不能使用三脚架时，就要求利用腰部的弯直和手臂的抬落配合完成俯仰摇拍。

在拍摄时经常会碰到无法将景物的全景拍摄进来的情况，这时可将摄像机由右到左或由左到右进行摇拍。为了避免拍摄画面晃来晃去或是忽快忽慢，在拍摄时最好掌握如下要点：

①左右摇拍的正确的做法是，以腰部为分界点，下半身不动，上半身扭动。②左右摇拍时身体一般不需要转动 90°，如超过 90°，人就会觉得不舒服，对画面稳定不利。③追踪拍摄左右运动的目标的关键是，要掌握好摇镜头的速度，要与目标的移动速度保持同步。④拍摄左右运动目标的镜头要提前策划，

在拍摄前要有一个准备的过程。要准备好姿势,等待目标出现,而不能等目标进入要摇拍的起始点了,才拿起摄像机拍摄。

上下摇拍的方法与此基本相同。

(四)移

在拍摄中改变摄像机所处位置的方法就是移镜头。移镜头是比较复杂的一类运动镜头。简单的移镜头有前移、后移、左移、右移、上移(升)、下移(降)、环移等。左移、右移如图 4-7 所示。上移、下移常常将摄像机安放在升降机上进行拍摄。

复杂的"移",是镜头在平面上,向任意方向运动,甚至在立体空间内自由移动。移镜头和人们在运动时观察客观世界的感觉是完全一致的。

移动拍摄要注意以下几点:

①移拍时要尽量慢一些,就像通过镜头在观看全景那样。这样能够充分地体现出一种宽广辽阔的感觉。若想为画面增添一些紧张的气氛,只需稍稍加快移拍的速度即可。②一般来说,应该避免一边捧着摄像机走一边拍摄的行为,因为这可能造成所拍摄的画面上下颠簸的后果。③移动拍摄的最大难题是如何防止摄像机的晃动。在拍摄移动物体时,最好能在地上铺设简单的轨道,把摄像机装设在一架装有轮子的平台上,然后推着这个平台(这种平台叫摄像台车)在轨道上移动。

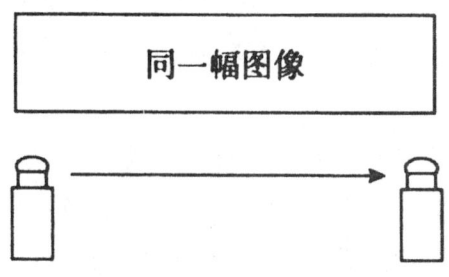

图 4-7 左移、右移镜头示意图

徒步移动拍摄，按行走路线的不同，可分为三种：前后移动拍摄、左右移动拍摄和弧形移动拍摄。

前后移动是移动拍摄最基本的步行方式。在拍摄移动的目标时，摄像者应在移动目标的前面，并保持适当距离，镜头对准被摄主体的正面。摄像者在拍摄前，一定要对目标的行进路线及路况做到心中有数。如果路面不平或有障碍物，就应该提前做好应对措施，以免影响拍摄效果。

左右移动拍摄就是侧步行走拍摄，摄像者与被摄主体行进线路平行。在拍摄过程中，一般很少采用大特写镜头去刻画人物的细节，强调的是主体行走的路线或周围环境的变化。

若想向右边侧步行走，首先要两腿微曲，再把左脚移到右脚前，让右膝的前端碰到左膝的后部，当左脚碰到地面时，把身体的重心慢慢移转到左脚上，然后把右脚向后绕过左脚，以便站稳，依次重复以上动作，就可完成整个拍摄过程。同理，用同样的方法也可完成向左边侧步行走的过程。

弧形移动拍摄就是摄像者以圆形或弧形方向移动拍摄，该种拍摄方式可以反映出静止景物的深度和层次。其步行方式与侧步行走的拍摄大致相同，只是行走路线有区别。在整个片段中，主要目标都应该维持在画面中央。弧形移动拍摄的弧度不宜过大或过小，应该控制在120°～180°。

（五）跟

摄像机在拍摄运动主体镜头时，始终与运动主体保持固定的距离，即跟随主体拍摄，使运动主体始终处于画面的主要位置上，这种拍摄方法叫作"跟"。其效果是给人以追随的感觉。

为了拍摄平稳，在拍摄移、跟等镜头时，常常将摄像机安放在平稳的轨道车上滑行拍摄。一般都要求机器沿一条轨迹做纵向或横向位移，通常拍摄环境中是无法借助于轨道车等器材的，因此只能靠脚的移动来完成。特别要注意脚的移动方式：摄像者不能像平常那样随便走路，而应双腿微屈膝，蹑着脚走。腰部以上要正直。行走时利用脚尖探路，并靠脚补偿路面的高低。这样腰、腿、脚协调配合，使摄像机的移动达到滑行的效果。

另外，为了编辑的需要常采用甩镜头拍摄、旋转拍摄、虚化拍摄、晃动拍摄等手段来拍摄特殊的运动镜头。

这些拍摄方法的应用，主要取决于拍摄主题，以最能表现主题为准绳。至于具体采用哪种手段则应根据主题及情绪氛围来决定。

运用这五种拍摄方法拍摄画面还要注意以下要点：

①起幅要稳，落幅要准。拍摄的起幅、落幅要有 3 s 的时间长度。②速度均匀，不能过快。拍摄时镜头的运动速度要均匀、流畅，不要时快时慢，不要断断续续，不要走走停停，特别要避免忽推忽拉。③被摄主体的位置要相对固定。拍摄运动着的人或物时，要保持被摄主体在画面上占有相对固定的位置。

思考题

1. 说明计算机的工作原理。
2. 计算机故障常用的检测方法有哪些？
3. 数码摄像机的主要组成部分有哪些？
4. 数码摄像机的主要拍摄方法有哪些？

模块五　其他办公辅助设备

导读：

本模块说明了投影仪、交互式电子白板的结构和功能，对投影仪、交互式电子白板的使用操作步骤进行了详细表述，有助于学生通过训练掌握投影仪、交互式电子白板的操作技能。除此之外，还介绍了装订机、碎纸机、打卡机等办公辅助设备。

学习目标：

1.学习投影仪的相关知识。

2.掌握电子白板的相关知识。

3.了解装订机、碎纸机、打卡机等设备的基本知识。

任务一　投影仪

投影仪，又称投影机，是一种可以将图像或视频投射到幕布上的设备，可以通过不同的接口同计算机、VCD、DVD、游戏机、数码摄像机等相连接，播放相应的视频信号。

一、投影仪的分类

（一）家庭影院型

家庭影院型投影仪的特点是亮度都在 2000 流明左右（随着投影技术的发展，这个数字在不断增大），投影的画面宽高比多为 16∶9，各种视频端口齐全，适合播放电影和高清电视，适于家庭用户使用。

（二）便携商务型投影仪

一般把重量低于 2 kg 的投影仪定义为商务便携型投影仪，这个重量跟轻薄型笔记本电脑不相上下。商务便携型投影仪的优点有体积小、重量轻、移动性强。

（三）教育会议型投影仪

教育会议型投影仪一般适用于学校和企业，采用主流的分辨率，亮度在 2000~3000 流明，重量适中，散热和防尘性能比较好，适合短距离移动，功能接口比较多，容易维护，性能价格比也相对较高。

（四）主流工程型投影仪

相比主流的普通投影仪来讲，工程投影仪的投影面积更大、距离更远、光亮度更高，而且一般还支持多灯泡模式，能更好地应付多变的安装环境，对于教育、媒体和政府等领域都很适用。

（五）专业剧院型投影仪

专业剧院型投影仪更注重稳定性，强调低故障率，其在散热性能、网络功能、使用的便捷性等方面表现很好。当然，为了适应各种专业应用场合，投影仪最主要的特点还是其亮度，其亮度一般可达 5 000 流明以上，高者可超 10 000 流明。由于体积庞大，重量重，其通常用在特定环境，例如剧院、博物馆、大会堂、公共区域，还可应用于监控交通中心、公安指挥中心、消防和航空交通控制中心等。

（六）测量投影仪

这类投影仪不同于以上几类投影仪，早期称轮廓投影仪，随着光栅尺的普及，投影仪都安装上了高精度的光栅尺，人们为与传统的投影仪区别开，这类投影仪便称为测量投影仪。其作用主要是将产品零件通过光的透射形成放大的投影，然后用标准胶片或光栅尺等确定产品的尺寸。由于工业化的发展，这种测量投影仪已经成为制造业最常用的检测仪器之一。

另外，根据使用方式的不同，投影仪可以分为台式投影机、便携式投影机、落地式投影机、反射式投影机、透射式投影机、单一功能投影机、多功能投影机、智能投影机、触控互动投影仪等。根据接口的类别，投影仪可以分为 VGA 接口投影机、HDMI 接口投影机、带网口投影机等。

二、投影仪的性能指标

（一）分辨率

投影仪的分辨率通常指该投影仪内部核心成像器件的物理分辨率。当前投影仪的物理分辨率（又称真实分辨率）一般为 SVGA（800×600 像素）、XGA（1024×768 像素）、SXGA（1280×1024 像素）。

分辨率越高，表示投影仪显示精细图像的能力越强。一般选择物理分辨率为 XGA 标准以上的投影仪可以达到较好的效果。

（二）亮度

投影仪的亮度是指投影灯泡输出到屏幕上的光线强度，也是投影图像的明亮程度，用流明来表示。一般情况下，投影仪的亮度越高，投射到屏幕上的相同尺寸的图像越明亮，图像也就越清晰。

现在主流投影仪亮度能达到 1 600 流明，甚至更高，可以满足大多数使用环境的要求。

（三）对比度

对比度是亮区对暗区的比例，对比度反映了一个画面明暗变化范围的大小。如果一个画面只能显示白色和黑色，而不能显示出阴影区域或黑暗区域的细微层次变化，就失去了精细效果。因此，较高的对比度能使画面显得有很高的分辨率。对比度越大，效果越精细，质量较好的投影仪可以达到 300∶1 的对比度。

（四）带宽

带宽就是投影仪视频通道总的频带宽度。投影仪带宽越大，图像越清晰，画面分辨率越高，聚焦效果也越好。反之，如果投影仪带宽过窄，则容易出现图像模糊、画面分辨率不高、聚焦不良等现象。

常见的 800×600 分辨率的图像需要 43 兆赫的带宽，而 1 280×1 024 的分辨率则需要 118 兆赫的带宽。

（五）均匀度

任何投影仪投射出的画面都会有中心区域与四角的亮度不同的现象。均匀度就是反映边缘亮度与中心亮度的比值，均匀度越高，画面的一致性就越好。在此，投影仪的光学镜头起着关键的作用。

（六）灯泡的类型和寿命

灯泡作为投影仪主要的消耗材料，也是选购投影仪时必须考虑的重要因素。特别需要注意的是，不同品牌投影仪使用的灯泡一般是不能互换使用的。由于灯泡作为投影仪主要的消耗材料，其寿命直接关系到投影仪的使用成本。因此，一定要了解清楚灯泡寿命和更换成本。

（七）接口配置

投影仪的接口包括数据接口、控制接口、视频信号接口、音频信号接口和计算机接口等。在选择投影仪时，一定要考虑与投影仪连接的音视频设备和计算机设备与投影仪接口之间的兼容性和可连接性，同时也要考虑现在流行的或未来几年即将流行的接口方式。

三、投影仪的使用方法

除了台式电脑，投影仪更多的是连接笔记本电脑，特别是出现了便携式投影仪之后，轻薄型笔记本电脑跟便携型投影仪的搭配，是移动商务用户在进行移动商业演示时的首选搭配。下文以与电脑的连接为例说明使用投影仪的操作步骤。

（一）安放投影仪

常见的投影仪按照其使用方式一般可以分为吊装式投影仪和便携式投影仪。吊装式投影仪一般由专业人员进行安装。便携式投影仪重量较轻，便于移动。在安放时应注意桌面与地面的连线，以免不小心中断电源造成非正常关机；在投射画面倾斜或出现变形的情况时，可调整机器的支架并固定位置使画面正常；机器工作时，不要有文件或其他物体遮挡住通风口，以免影响机器的散热。

（二）连接投影仪与电脑

与投影仪接触最密切的是电脑，包括台式电脑和笔记本电脑。在投影仪附带的连接线中，VGA 信号线和信号控制线都是用来直接和电脑连接的。VGA 信号线连接电脑的视频输出接口和投影仪的 VGA 输入接口，信号控制线则连接投影仪的主控制端口与计算机的 COM 接口。在日常的应用中，为了方便计算机与投影仪的屏幕切换，通常使用视频分配器进行中转连接，这样从分配器上就能引出两路 VGA 信号，其中一路信号传输到投影仪中显示，另一路信号传输到显示器中显示。用户只需通过计算机的显示器进行操作，并不需要站在投影幕布前面看着投影内容进行讲解。

笔记本一般都提供了 VGA 输出接口，再加上自身的 LCD 显示器，因此没必要使用视频分配器连接。连接时只用与投影仪配套的 RGB 视频电缆，将其一头接在笔记本电脑用来外接显示器的 VGA 显示端口上，另一头接在投影仪的 RGB 输入端口上即可。

（三）接通电源，设置好输出方式

接通电源，投影仪处在待机状态，橙色的指示灯亮。按遥控器或投影仪操作面板上的电源按钮，此时投影仪进入预热状态，电源指示灯的绿灯闪烁。预热完成，绿灯停止闪烁，保持灯亮。这时，可通过遥控器激活投影仪的菜单设置，选择输入源为 RGB。

完成投影连接并开启投影仪后，还需要切换好输出方式。因为电脑的输出方式有 3 种，可以同时按住 Windows 徽标键与"F5"键（与笔记本电脑相连接时，可以按下"Fn"键与"F8"键），来选用合适的屏幕输出方式。

（四）调整图像

调整图像就是将图像投射到墙壁或者幕布上，一面移动投影仪使图像投射到正确位置，一面调整投影仪镜头旋钮进行对焦。同时，投影的图像要尽量充满整个幕布。如果出现图像呈梯形或者平行四边形的情况，那么还可以借助投影仪内置的梯形纠错功能进行调整。除此之外，用户还可以使用投影仪操作面板或遥控器调整投影仪投射图像的位置、大小、亮度、对比度和色彩等。

（五）设置分辨率

为了能够获得更佳的投影效果，用户还需对投影仪进行一番调整设置。首先是分辨率的调整，目前电脑最常用的分辨率是1 024×768，如果选择的投影仪支持1 024×768分辨率，基本就不需要调整了。但如果使用的投影仪支持最高分辨率为800×600，但是计算机设置的分辨率为1 024×768，甚至更高，在这种情况下将会出现电脑屏幕显示与投影屏幕显示不一致的情况，即在电脑屏幕上能够正常显示的图像在投影屏幕上有可能会有一些边缘部分显示不出来。因此，要根据投影仪所支持的分辨率来设定视频源的分辨率，使之相互吻合来获得最佳投影效果。

（六）关闭投影仪

投影仪在长时间使用的情况下直接关机会严重影响投影仪灯泡的使用寿命。因此，在投影仪使用完毕后，不能马上切断电源。正确的关机顺序是：先按下"Lamp"按钮，当屏幕出现是否真的要关机的提示时，再按一下"Lamp"按钮，随后投影仪控制面板上的绿色指示灯熄灭，橙色指示灯闪烁。过2～3分钟后，等到投影仪内部散热风扇完全停止转动，黄色信号灯停止闪烁时，再将切断投影仪的电源。

四、投影仪常见故障及解决办法

（一）投影仪 RGB 端口无输入信号

投影仪在切换到 RGB 输入时，有时会提示 RGB 端口无信号输入。在这种情况下，首先应检查 VGA 连接线是否连接正常。若正常，说明电脑 VGA 输出口无信号输出，问题出在电脑上。一般而言，VGA 端口损坏的概率比较小，这种情况主要是输出模式有误，尤其是笔记本电脑经常会出现这种问题。笔记本电脑一般存在 3 种输出模式，分别为：液晶屏幕输出，VGA 端口无输出模式；VGA 端口输出，屏幕无输出模式；VGA 端口与屏幕都有输出模式。其中，第一种为默认模式。

所以，必须把笔记本电脑切换到第三种输出模式，才能在电脑屏幕和投影仪上同时输出相关内容。一般笔记本电脑切换输出模式的方式是同时按下"Fn"和"F8"键。

（二）投影仪有信息输入，但无图像

遇到这种情况，先检查笔记本电脑的输出模式，如果输出模式正确，那么问题出在电脑的分辨率和刷新频率上。如果电脑所能达到的分辨率和刷新频率均较高，超过了投影仪的最大分辨率和刷新频率，就会出现以上现象。解决方法很简单，通过电脑的显示适配器调低这两项参数值，一般分辨率不超过 600×800，刷新频率在 60~75 赫兹之间，可参考投影仪说明书。另外，有可能碰到无法调整显示适配器的情况，这时需要重新安装原厂的显卡驱动后再进行调整。

（三）投影图像偏色

这主要是 VGA 连接线的问题，检查 VGA 线与电脑、投影仪的接口处是否拧紧。如果拧紧后问题仍未解决，则可更换连接线。另外，连接了 VGA 信号线后，如果需要使用遥控器来操作计算机的话，还必须连接信号控制线。

任务二　交互式电子白板

交互式电子白板是一款专门针对教育领域的电子白板产品，它将当前最先进的光学影像触摸技术与应用教学软件完美融为一体，是用于现代教育教学的高科技工具。

交互式电子白板是一块具备书写、触摸功能的电子白板，同时又是一个超大尺寸的电脑显示屏，将电子白板与计算机、数字投影仪三者相互连接，投影仪将计算机画面投影到白板上就构成了一个完整的交互式演示系统。相对于传统的黑板和计算机辅助教学，它的突出优势在于可以代替黑板和幕布，直接进行触摸互动操作。

一、交互式电子白板的类型

按照技术原理，交互式电子白板可分为四种：压感电子白板、电磁电子白板、红外电子白板、光学电子白板。

随着技术的进步，压感电子白板由于定位不准、使用不方便，已完全淘汰。电磁电子白板改善了压感技术定位不准确的问题，一度在市场上很受欢迎，但是由于不能实现手动触控，需要专用笔，耗材使用大，电磁电子白板也在逐渐被新技术淘汰和替代。

（一）红外电子白板

红外电子白板的工作原理是通过白板周围一圈的红外框来达到定位效果。红外框从 X 轴和 Y 轴发出信号，另外一边接收。如果被手指遮挡，则会感应到手指的触控位置，从而达到定位的效果。有扇形发射信号的红外电子白板，可以避免由于一两个红外灯坏了之后所产生的接收失灵等问题。

红外电子白板的优点：无须专用笔，可用手指或其他不透明的物体进行操作，后续成本低。

红外电子白板的缺点：不能提供黑板板书的精确书写效果，手写的时候必须一笔一画，手腕或者其他物体进入红外框范围则会造成误操作。同时，红外电子白板会受到屏前强光干扰。

（二）光学电子白板

光学电子白板采用了先进的触摸屏技术、光学影像触摸技术，其触摸精度、响应速度、平滑度、分辨率、使用寿命等方面有了大幅度提升。其触摸精度高，书写流畅，不会产生任何延迟。

二、交互式电子白板的功能

交互式电子白板具有良好的兼容性和实用性，集书写、记忆、储存、打印、控制、演示等功能于一体。当与计算机连接，配合任何型号的投影机使用时，即实现人机合一、人机交流，师生可以共同参与，从而营造一个生动活泼的教学氛围，有利于培养学生的综合素质和能力。除此之外，因其表面良好的低反光投影效果，可以作为投影仪的幕布使用；而耐热、耐磨、可擦洗的特性则满足作为传统黑板直接手写的需求。

（一）交互功能

白板在交互模式下可以控制 Windows 应用。用户在通过投影仪将电脑的桌面投放到白板上，启动该系统的电子白板控制软件后，就可以利用电子笔在白板的桌面影像上进行单击、双击、右击、拖放以及其他控制操作。教师在教学中可以在白板上随时操作计算机，在讲解时若需要在白板上板书，也无须再回过头来操作计算机键盘，避免了顾此失彼、手忙脚乱、分散学生的注意力等情况。

（二）实时记录功能

电子白板控制软件可实时记录教师在白板上的移动轨迹以及白板上的所有内容，录制成电子档后就可以进行课后回放。这样就帮助学生省去记笔记的时间，使学生不会因为集中精力抄写笔记而忽略了重要的讲解，有更多的时间进行真正的学习。

（三）标注功能

对于演讲、授课来说，标注功能是电子白板最实用的功能。正应为电子平板具有此项功能，教师用一支电子笔就可以在白板上对已有的课件进行注释，并且可以自由更换笔的颜色，任意擦写。这样就打破了教师在使用课件教学时的固定模式，使教师在教学时产生的智慧火花得以保存。

（四）可进行远程会议

利用"远程会议"的功能，再结合视频会议软件就可以很方便地进行远程教学，使多处能共享一个教学画面。远端的教室不仅可以与主教室的课程进度同步，还可以看到主教室中授课者的图像。在该系统中，所有的操作都能以电子档的形式进行保存，以利于信息共享。

（五）方便管理

交互式电子白板的板书内容一次可储存几百页，教师可以随时调出任何一页进行重复讲解、补充修改、重点强调，以加深学生印象。教师写满一板不需要保存时，只需轻轻一敲，文字、图形即刻被"擦掉"，省时省力，又无任何消耗和污染，属于环保型的教学硬件。

三、交互式电子白板的工具条

用户如果了解交互式电子白板的工具条，那么在操作电子白板时会方便很多。如表5-1所示。

表5-1 电子白板工具条

图标	交互模式	书写模式
	无效	切换到交互模式
	转到书写模式，并新建标注页	笔画加粗
	转到书写模式，并新建标注页	笔画变细
	无效	几何画板
	无效	板擦
	无效	橡皮

续表

	交互模式	书写模式
	定位	定位
	调用共享程序	调用共享程序
	转到书写模式，并跳到首页	首页
	转到书写模式，并跳到前页	前页
	无效	下页
	无效	末页
	转到书写模式，并新建白板页	新建白板页
	进入管理中心；再次点击，退出管理中心	进入管理中心；再次点击，退出管理中心
	转到书写模式，并新建标注页	转到交互模式，新建标注页，再转回书写模式
	打印书写内容	打印书写内容

四、交互式电子白板的安装

（一）固定电子白板

将电子白板固定到墙上的步骤如下：

①选好悬挂电子白板的地方，附近要有电源插座，方便连接投影仪和电脑。

②在墙上钻 4 个孔，并安装挂钩。③取出电子白板，白板背面有预留的 4 个钥匙孔形状的挂孔，将其 4 个孔对准墙上的挂钩并挂上。

（二）连接电子白板

一般在电子白板的右下端有三个接线口，分别为 EXT 扩展口、RS-232C 串口和 DC POWER 电源插口。安装时先将电子白板固定好，关闭计算机，并将串口线的一端插入白板上的 RS-232C 串口，另一端插入装有电子白板控制软件的计算机后面的九针串口（如果计算机只有 USB 接口，可以选配 USB 接口模块来转接），最后将电源线接入 DC POWER 电源插口即可。另外，需将投影仪和计算机连接好。

五、交互式电子白板教学系统的使用

（一）设置电子白板

初次使用电子白板，要对电子白板进行相应的设置，如安装和定位等。方法如下：

第一步：连接硬件。将电子白板的数据线与计算机的 USB 接口相连，完成计算机与电子白板的硬件连接。

第二步：安装软件。将电子白板光盘放入光驱，运行安装文件，安装驱动程序。

第三步：完成安装。连接硬件并安装软件完成后，检查系统图标是否存在电脑上，以确认软件是否完成安装。

（二）定位电子白板

电子白板软件安装好后，需要为其设置定位。只有触笔触碰位置与显示位置相同时，才能使用电子白板。

第一步：运行设置程序。在电脑上按"开始"→"程序"→"电子白板程序"操作，启动电子白板程序，运行定位程序。

第二步：定位白板。根据电子白板显示的提示，触笔点击十字光标中心点，对电子白板进行设置。要注意的是，触笔必须与面板垂直，笔要拿稳不晃动，笔尖必须置于十字光标的中心位置且必须等十字光标移到下一位置，才能移开原位置。

第三步：完成定位。保存定位程序，完成对电子白板的定位。

第四步：检查定位效果。完成电子白板定位后，通常用触笔随机在电子白板上触碰或划动，以检查触笔定位是否与显示位置一致。

（三）使用电子白板

电子白板具有交互性，在使用时，用触笔操控电子白板更便于开展课堂教学实践活动。

1.操作文件

新建文件夹：用触笔操作，打开电脑的资源管理器，点击计算机 D 盘，建一个新的文件夹。

复制文件：打开U盘文件夹，将里面的课件复制到D盘新建的文件夹里。

打开文件：用触笔长按要打开的文件，在弹出的菜单中选择"打开"。

保存文件：退出软件时，会弹出一个选择框，询问是否保存。选择"是"，为文件取一个名字，然后保存在指定的位置。

删除文件：打开要删除的文件所在的文件夹，用触笔长按文件，在出现的菜单中选择"删除"，文件就被删除了。

2.导出页面为图片或网页

将部分或全部页面导出为图片，导出的图片通常为 BMP、JPG、PNG 三种格式。点击主菜单上的"文件"，选择"导出为图片"。程序弹出"导出为图片"窗口来选择导出范围。选定范围后，程序弹出"导出为图片"的第二个窗体。输入文件名称，选择保存类型，点击"保存"。

导出页面为网页与导出页面为图片类似，点击主菜单上的"文件"然后点击"导出为网页"。将部分或全部页面导出为网页，导出的网页为 HTML 格式。

3.模式转换和设置页面背景颜色

窗口模式下，运行其他应用程序时，软件将自动切换到控制模式。控制模式下，点击画笔等只有在窗口模式和注解模式下才能用的工具，软件将自动切换到注解模式。

在以上三种模式下，选择新建页面，都会建立一个空页面。这个新建的页面颜色默认是纯白色的。如果我们想为其换一个颜色作为背景，那么我们应该在主菜单中选择"画图"，然后再选择"背景颜色"，这时程序弹出背景颜色选择框，点击选择需要的页面颜色。

（四）电子白板的维护

电子白板在使用一段时间后，要对它的板面和触笔进行维护，从而确保板面清洁、触笔完好，进而延长电子白板的使用寿命。

1.维护白板

电子白板如果使用频繁，最好一周左右清洁一次，可以使用玻璃清洁剂，不过最好还是使用特制的白板清洁剂。清洁方法是把清洁剂喷到面板上，用干净纸巾擦拭。

2.维护触笔

电子白板的触笔要定期维护。触笔内的电池要定期更换,当发现笔尖磨损过于严重时,要及时更换笔尖。

任务三　装订机

装订机是通过机械的方式(手动或自动)将纸张、塑料、皮革等用装订钉或热熔胶、尼龙管等材料固定的装订设备。装订机常用于印刷厂、企事业单位等。

一、装订机的分类

按照不同的用途,装订机可分为工业用装订机和民用装订机;按照所采用的装订方式,装订机可分为热熔式装订机、梳式胶圈装订机、铁圈装订机、订条装订机等。下面重点介绍第二种分类方式。

(一)热熔式装订机

热熔式装订机(如图 5-1 所示)具有的优点有:操作简单、装订速度快、耗材成本低、式样精美等。

热熔式装订机属于不可拆卸型,适用于中小型的文印中心,以及会计师事务所、审计事务所等单位。使用热熔装订机装订时,为防止装订的文件参差不齐,一定要将整理好的文件放入封套内,然后进行封套加热。加热后需用手整

现代办公设备操作与管理

理固定一下热胶，这样会使得文本整齐有形。加热完毕一段时间内不要翻动文本，否则易造成散页，待胶条冷却凝固后方能翻动。

图 5-1　热熔式装订机

（二）梳式胶圈装订机

梳式胶圈装订机是所有装订机中，使用成本最低的一种。其操作简单、易拆卸，可多次重复装订使用，比较适用于小型办公室及小型的文印社。

一种装订机有两种装订方法，这也是它的一大特色。梳式装订机（如图 5-2 所示）为活页式，增删页方便，可实现文本 360°翻转。胶圈直径的大小，决定了文本装订厚度。这种装订方式由于胶圈的尺寸、颜色以及封皮的颜色选择余地较大，所以说装订效果也千差万别。

模块五　其他办公辅助设备

图 5-2　梳式胶圈装订机

（三）铁圈装订机

铁圈装订机（如图 5-3 所示）一般分为 2∶1（21 孔）和 3∶1（34 孔）两种。其中 3∶1 铁圈装订机适合装订较薄的文本，适用于一般的设计院、规划局或中小型文印中心；而 2∶1 铁圈装订机则适合装订较厚的文件。

图 5-3　铁圈装订机

（四）订条装订机

订条装订机又称十孔夹条装订机，操作简单、装订整齐，适合各种场合使用，是常见的图文店装订工具之一（如图 5-4 所示）。

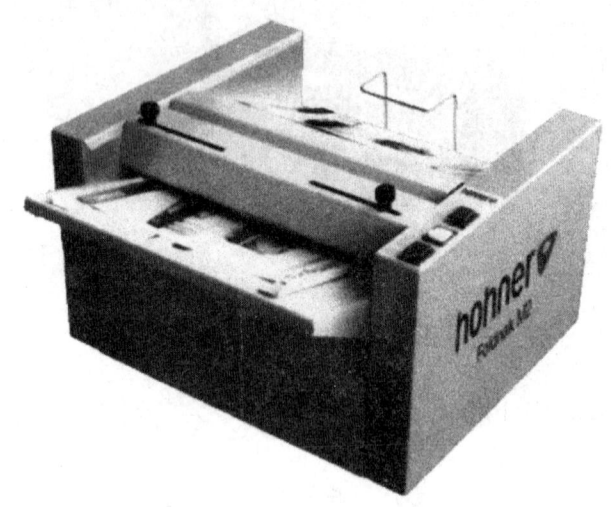

图 5-4　订条装订机

二、装订机的使用

下文以热熔式装订机为例说明装订机的使用情况。

（一）认识装订机的操作面板

预热/Wait 指示灯：将电源开关按至"I"后，电源接通，机器开始预热加温，红色预热指示灯同时点亮。

恒温/Ready 指示灯：当装订加热板达到工作温度或一册文件装订完成后，蜂鸣器蜂鸣提示，同时绿色恒温指示灯亮起。

启动/Star 按键：在装订加热槽内放入需要装订的文件后，按下此键，绿色恒温指示灯熄灭，加热板开始加热装订，红色预热指示灯同时亮起。

（二）操作步骤

①接通电源，将电源开关按至"I"的位置，操作面板左侧的红色"预热/Wait"指示灯亮起，机器开始加温预热。大约3分钟后，装订加热板达到工作温度时，红色"预热/Wait"指示灯熄灭，操作面板右侧的"恒温/Ready"指示灯亮起，机器进入工作准备状态。②根据所装订文件的厚度选择一册相应规格的热熔封套，并将文件整齐后放入封套内。③将装入文件的封套放入装订加热槽中，按下操作面板上的"启动/Star"键，绿色恒温指示灯熄灭，左侧的红色预热指示灯亮起，机器开始加热装订，大约45 s后，红色预热指示灯熄灭，绿色的恒温指示灯亮起，并伴有蜂鸣器蜂鸣提示，此时文件已完成加热装订步骤。④将已加热装订完成的文件从加热槽中取出，并放入后面的冷却槽中自然冷却几分钟后再取出，本次装订任务完成。

任务四　碎纸机

碎纸机（如图5-5所示）是由一组旋转的刀刃、纸梳和驱动马达组成的。纸张从相互咬合的刀刃中间送入，被分割成很多细小的纸片，以达到保密的目的。

图 5-5　碎纸机

一、碎纸机的性能指标

（一）碎纸方式

碎纸方式是指当纸张经过碎纸机处理后被碎纸刀切碎后的形状。市面上有些碎纸机可选择两种或两种以上的碎纸方式。不同的碎纸方式适用于不同的场合。如果是一般性的办公场合，选择段状、粒状、丝状、条状的碎纸方式就可以了，但如果是在一些对保密要求比较高的场合，就需要用沫状的碎纸方式。

（二）碎纸能力

碎纸能力是指碎纸机一次能处理的纸张最大数目及纸张厚度。一般碎纸效果越好，其碎纸能力则相对越差。普通办公室选用具有 A4、3～4 张碎纸能力的碎纸机就可以满足日常工作需要，如果是大型办公室则要根据需要选择合适幅面和较快速度的碎纸机。现有大型碎纸机一般都能达到60～70张/次。

碎纸机可碎的物品有纸张、针、磁卡、光盘等。

（三）碎纸效果

碎纸效果是指纸张经过碎纸机处理后所形成的废纸的大小，废纸的大小一般是以毫米（mm）为单位的。粒、沫状效果最佳，碎状次之，条、段状效果更差些。例如2 mm×2 mm保密效果可将A4纸张切成1 500多个小块。

不同的场合可根据实际需要选择不同碎纸效果的碎纸机。如家庭和小型办公室等不牵涉保密的场合，可选用4 mm×50 mm、4 mm×30 mm等规格的碎纸机。对于高度机密的文件，应采用可纵横切割的碎纸机，最好选用达到3 mm×3 mm及其以下规格碎纸效果的碎纸机。

（四）碎纸宽度

碎纸宽度就是碎纸机所要切碎的纸张在没有进入碎纸机之前的最大宽度，也就是指碎纸机所能容许的纸张的宽度。通常要切碎的纸张要与碎纸机切口垂直输入，否则整行文字有可能完整保留，资料尽露；另外如果入纸口太细，纸张便会折在一起，使每次所碎张数减少，且容易引起纸塞，降低工作效率。所以选择碎纸机时一定要注意碎纸宽度。如入口宽度为220 mm，意味着该机型可以粉碎A4纸张；入口宽度为240 mm，意味着该机型可以粉碎窄行打印纸；300 mm的入口宽度即可以粉碎A3纸样；同样，385 mm的入口宽度就可以粉碎宽行打印纸。

（五）碎纸速度

碎纸速度也就是碎纸机的处理能力，一般用每分钟能处理废纸的总长度来度量，如每分钟3m，表示每分钟可处理的纸张在没有切碎之前的总长度为 3 m。当然也有用 cm 表示的。

（六）碎纸箱容积

碎纸箱容积是指盛放切碎后废纸的箱体体积。碎纸机生成的碎片存放于下列容器中的一种：低端的碎纸机一般放置于废纸篓的上方，这样切割完的碎片就简单地放置在废纸篓里；稍微贵一些的产品则自带废纸篓（碎纸箱）。大多数办公用碎纸机是封闭的带轮子的柜子，能够方便地在办公室里移动，这种碎纸机通常会涉及碎纸箱容积的选择。普通办公室和家用碎纸机出于实际需要和占地大小的考虑，可选择碎纸箱容积较小的碎纸箱，大小在 4~10 L 为宜；中型办公室以 30 L 的碎纸箱为最佳；大型办公室可选用 50 L 以上的碎纸箱。

二、碎纸机的使用与保养

（一）碎纸机的使用要点

1. 注意运行状态

碎纸机的使用方法十分简单，对环境要求也较低。碎纸机都具有自动开关机功能，使用时一定要注意碎纸机运行状态，只要将纸放到进纸口处，切纸器就会自动旋转把纸卷入，进行切碎。在机器运行过程中发现文件不需切碎时，可按"停止/反向"键，碎纸机就会把纸退出来，避免产生较大的损失。

2. 注意连续使用时间与纸张容量

尽量避免连续使用时间超过 10~15 分钟，并且避免纸张容量超过碎纸机的限制量。

3. 保持纸张的干燥

不要将潮湿的纸放入碎纸机中，以免碎纸刀具生锈，影响碎纸机的使用寿命。

4.避免卡纸

不要一次加入过多的纸，以免碎纸机卡纸。

（二）碎纸机的保养

①机器内的刀具通常比较锐利，用户在使用时勿将衣角、领带、头发等卷入进纸口以免造成意外伤害。②碎纸箱满后，需及时清理，以免影响机器正常工作。③勿放入碎布料、塑料、硬金属等。④为了延长机器寿命，每次碎纸量应低于机器规定的最大碎纸量为宜，若机器没有说明可以碎光盘、磁盘、信用卡等，勿擅自将其放入机器内。⑤清洁机器外壳时，需先切断电源，用软布沾上清洁剂或软性肥皂水轻擦，切勿让溶液进入机器内部，不可使用漂白粉、汽油刷洗。⑥勿让锋利物碰到机器外壳，以免影响机器外观。⑦定期给切割装置上油以减少磨损，定期清除积在刀刃里的灰尘。

任务五　打卡机

打卡机又称考勤机，用于公司人员的身份识别和上岗确认。

一、打卡机的分类

（一）指纹打卡机

指纹打卡机（如图 5-6 所示），优点在于识别效果好、速度快，但是存在部分人员无法使用的状况。

现代办公设备操作与管理

图 5-6　指纹打卡机

（二）ID 卡打卡机

目前很多企业都在使用 ID 卡来考勤，这种考勤方式的优点是考勤速度非常快，并且可以在企业内构建一卡通的模式，缺点是员工可以互相代打卡。ID 卡打卡机如图 5-7 所示。

图 5-7　ID 卡打卡机

（三）纸卡钟打卡机

纸卡钟（如图 5-8 所示）是目前考勤设备行业内最原始的设备，使用这种设备进行考勤的优点是统计方便，无须计算机；缺点是存在购买考勤卡的耗材费用，且不能在户外使用。

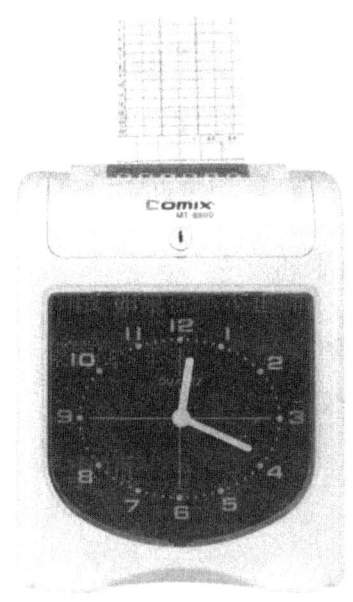

图 5-8　纸卡钟打卡机

（四）人脸识别打卡机

人脸识别打卡机（如图 5-9 所示）的优点是能有效杜绝代打卡，没有卡片损耗；缺点是识别速度比指纹考勤机的识别速度慢，价格相对要贵。

图 5-9　人脸识别打卡机

（五）虹膜识别打卡机

目前国内生产虹膜识别打卡机（如图 5-10 所示）的厂家较少。此类设备成本过高，非安全级别要求较高的地方很少使用。

图 5-10　虹膜识别打卡机

（六）指静脉识别打卡机

指静脉识别打卡机（如图 5-11 所示）能鉴别人体的静脉血管，这样可以完全杜绝假手指，属于活体验证的设备。该设备识别速度较慢，不适合大规模人群使用。

图 5-11　指静脉识别打卡机

（七）摄像打卡机

摄像打卡机（如图 5-12 所示）是射频技术与摄像技术完美结合的产物，打卡机内置摄像头，可在用户刷卡的同时对其进行拍照存档，从而杜绝代打卡现象。

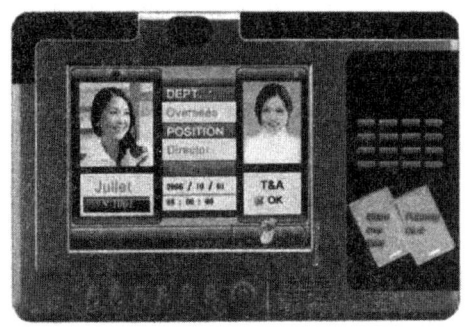

图 5-12　摄像打卡机

二、全易通指纹考勤机的使用

（一）登记指纹

在登记指纹时，尽量选择使用质量较好的指纹，如褶皱少、不起皮、指纹清晰、清洁无污物；尽量使手指接触指纹采集区域面积大一些，并等待一秒左右的时间。

（二）刷指纹的方法

将已经登记指纹的手指尽量大面积接触指纹采集窗，轻轻按压，看显示器或语音提示信息，提示考勤成功时再移开手指。如果提示不正确，将手指拿开，再重新按压，不要将手指一直放在指纹采集窗上。

三、使用指纹考勤机的注意事项

（一）使用前保证手指的清洁

在考勤时，已经登记指纹的手指不要沾油污、沾水。手指脏、破皮、干燥、过凉等均会出现不能识别的现象。如果因手指干燥或手指凉造成的不识别，可将手指放嘴边哈气后重新识别。

（二）及时与管理人员联系

如果采集三次指纹仍然提示不正确，要及时与管理员取得联系，切勿自行对考勤机进行其他操作。

（三）保护指纹采集窗

采集指纹时，不要用力按压指纹采集窗；也不要用指甲或其他硬物划伤指纹采集窗。

思考题

1. 投影仪的性能指标有哪些？
2. 说一说交互式电子白板的功能。
3. 使用热熔式装订机时需注意什么？
4. 碎纸机应如何保养？
5. 打卡机都有哪些类型？

模块六　办公设备管理

导读：

办公设备管理，是企业行政部门的一项重要的日常工作，涉及办公设备的采购、维修、报废等内容。

学习目标：

1. 了解办公设备管理流程。
2. 了解办公设备管理工具。
3. 了解办公设备管理模板。

任务一　办公设备管理责任与编号建卡

一、办公设备管理责任

企业常用的办公设备，包括打印机、复印机、传真机、碎纸机、扫描仪、电话机、照相机、台式计算机、便携式计算机等。在一般情况下，办公设备的单位价值较大、使用寿命较长，所以办公设备通常被列入企业固定资产范畴进行管理。

办公设备的管理责任，可分为实物管理责任、使用管理责任和价值管理责任。

在通常情况下，企业的办公设备由行政部门统一管理，使用部门具体负责，财务部门会计核算。在进行办公设备的盘点和清查时，则需要企业各部门的协作和配合。

二、办公设备编号与建档

通常情况下，企业办公设备属于固定资产，因此应按照企业固定资产分类代码对其进行编号管理。同时，编号工作应与建档工作相结合，即在登记设备的具体信息时对该设备进行编号。办公设备建档内容见表 6-1。

表 6-1 办公设备建档内容

设备的基本信息	□资产分类 □资产编号 □中英文名称 □购置日期 □厂牌 □申购部门 □规格 □配件等信息
设备的折旧信息	□设备原值 □使用年限 □折旧率 □年折旧额等信息
设备的使用信息	□使用部门 □接管日期 □使用保管人 □经管部门等信息

企业行政部门应定期将办公设备实物与卡片进行核对,确保卡物相符。

任务二　办公设备管理流程

一、办公设备采购流程

办公设备采购流程具体见表6-2。

表6-2　办公设备采购流程

任务名称	工作内容	工作标准	期限	相关资料
提出办公设备购买申请	填制办公设备购买申请表,注明所需品名、型号、数量等内容	按照企业规定填写	半日	办公设备购买申请表
选择办公设备供应商	根据供应商的报价、费用、货物质量、交货时间、服务、信誉等,选择合适的供应商	客观比较、公平筛选	2日	供应商报价单
签订办公设备购买合同	与选定的供应商签订供货合同,明确订货细节、交货方式、付款方式等内容	条款清晰、双方签字盖章	2日	办公设备购买合同
办理办公设备入库手续	接收货物时,对照交货单和订货单检查、核对货物	确保办公设备准确无误入库	半日	交货单订货单

备注:

流程目的:加强企业办公设备的采购管理,确保办公设备的采购严格按照审批程序执行。

适用范围:企业办公设备管理工作。

续表

> 职责划分：
> ①总经理负责办公设备管理制度的审批；
> ②主管负责办公设备管理制度的审核、办公设备购买申请以及货款支付申请的审批；
> ③行政部门负责制定办公设备管理制度、选择供应商并签订购买合同、办理入库手续、申请付款，以及办公设备保管、发放工作；
> ④财务部门根据公司财务规定负责支付货款。
> 流程说明：
> ①本流程也适用于单笔金额较大的办公用品的采购；
> ②一般来说，办公设备应由企业行政部门统一采购；
> ③必要时，企业行政部门应编制办公设备采购预算，可以是年度预算，也可以是具体项目预算。

二、办公设备维修流程

办公设备维修流程具体见表6-3。

表6-3 办公设备维修流程

任务名称	工作内容	工作标准	期限	相关资料
提出办公设备维修申请	根据办公设备实际使用情况提出维修申请，并描述故障情况	申请及时、故障描述清晰	半日	办公设备维修申请表
查看核定设备故障情况	对设备故障情况进行核实	及时	半日	办公设备维修申请表
启动办公设备报废流程	对经专业维修机构鉴定无法修复的办公设备，按设备报废流程执行	符合企业规定	-	办公设备报废申请表
确认设备维修信息	记录维修时间、维修项目、维修故障等内容	记录信息准确、完整	半日	设备维修登记表
备注：流程目的：规范企业办公设备维修程序，保证办公设备的正常运行。				

续表

适用范围：企业办公设备管理工作。
职责划分：
1.企业总经理负责审批办公设备维修保养规范；
2.主管负责审核办公设备维修保养规范；
3.行政部门负责制定办公设备维修保养规范，对办公设备维修申请进行初步核定，联系专业维修服务机构进行维修等工作；
4.办公设备使用部门负责办公设备的报修、检查维修结果、确认维修信息。
流程说明：
1.一般情况下，办公设备由企业行政部门统一管理，各使用部门负责设备的具体使用；
2.各使用部门应对其使用的办公设备进行保养和维护，发现设备出现故障时应及时与行政部门联系，由行政部门负责解决。

三、办公设备报废流程

办公设备报废流程具体见表 6-4。

表 6-4 办公设备报废流程

任务名称	工作内容	工作标准	期限	相关资料
提出办公设备报废申请	根据办公设备实际情况，提出报废申请，注明报废原因等信息	符合企业规定	半日	办公设备报废申请单
符合报废条件	判断办公设备是否符合报废条件	按照企业规定执行	半日	办公设备管理办法
进行报废处理	对经批准报废的办公设备，进行报废及残值处理工作	按照企业规定执行	-	办公设备报废清单
进行相关账务处理	根据企业领导审批意见及报废处理情况，对办公设备做好资产账面核减工作	按照企业规定执行	-	办公设备报废申请单

续表

> 备注:
> 流程目的:加强企业办公设备报废管理,确保办公设备满足正常工作需求。
> 适用范围:企业办公设备管理工作。
> 职责划分:
> 1.企业总经理负责审批办公设备管理办法,以及办公设备报废申请;
> 2.财务部门负责审核办公设备报废申请,并根据总经理的审批意见进行相关账务处理;
> 3.行政部门负责制定办公设备管理办法,审核办公设备报废申请,并负责报废处理工作;
> 4.办公设备使用部门根据办公设备使用情况负责提出报废申请。
> 流程说明:
> 1.办公设备是否报废需经专业部门鉴定,一般由企业内部技术部门或外部专业机构进行鉴定,并出具鉴定意见;
> 2.申请报废办公设备时,应严格按照审批手续,经审核同意后,方可进行报废处理;
> 3.设备中涉及硬盘、内存等存储设备的,报废前应由企业信息管理中心拆除存储设备,并对其集中保存或销毁。

任务三 办公设备管理表

一、办公设备维修记录表

办公设备维修记录表如表6-5所示。

表 6-5　办公设备维修记录表

设备名称		部门	
型号		编号	
报修人		报修日期	
维修内容			
更换配件/材料			
维修结果			
维修费用	大写：		
	小写：		
维修单位			
维修人员签字			
维修时间			
行政部门意见	经办人员签字： 年　月　日		

二、办公设备报废申请单

办公设备报废申请单如表 6-6 所示。

表 6-6　办公设备报废申请单

使用部门		设备负责人	
购置日期		报废日期	
原值		残值	
申请报废原因	□折旧期已过，账面已提足折旧费 □因使用过频、自然磨损，造成设备老化，频繁发生故障，无法继续使用 □因雷击、火烧、爆炸、水浸、腐蚀、摔压等事故造成设备严重损坏，无法修复 □因技术进步，原有设备明显落后，功能过低，不能满足业务需求，不宜或无法使用 □其他（请说明原因）		

续表

经办人（签字）	
使用部门负责人意见	
行政部门意见	
财务部门意见	
总经理意见	
备注	请将专业维修机构鉴定意见粘贴在背面或附页

三、办公设备盘点表

办公设备盘点表如表 6-7 所示。

表 6-7　办公设备盘点表

盘点日期：　　　　　　　　　　　　　　　　　　　　　　（金额单位：元）

设备名称	设备编号	使用部门	购置日期	盘点数量	盘盈 数量	盘盈 金额	盘亏 数量	盘亏 金额	备注

任务四 办公设备管理制度模板

一、办公设备管理办法模板

办公设备管理办法模板如表 6-8 所示。

表 6-8 办公设备管理办法模板

制度名称	××公司办公设备管理办法	受控状态	
		编号	

第一条 为了保证公司办公设备正常的运转，提高办公设备的工作效率，延长办公设备的使用寿命，特制定本办法。

第二条 本办法所指办公设备主要包括台式计算机、便携式计算机、打印机、复印机、碎纸机、传真机、电话机、数码相机、扫描仪、投影仪、摄像机等。

第三条 公司行政部门负责办公设备的采购、配发、维修保养及统一管理工作。

第四条 各部门根据工作需要提出办公设备的购买申请，由申请人填写办公设备购买申请表，经本部门经理批准后，报主管审核，购买设备金额大于××元的，还需报公司总经理批准。

第五条 购买办公设备的申请经公司领导批准后，由行政部门指定专人购买。

第六条 行政部门购入办公设备后，应制作设备卡片，注明设备名称、规格型号、价格、购入时间、编号、管理责任人、折旧年限等信息，以便保管和盘点。

第七条 申请人领取办公设备的，应填写办公设备领取登记表，签字后方可领取。

第八条 公司员工在使用办公设备前，应熟练掌握设备的性能、特点，严格按照操作规范使用。

第九条 属于部门的办公设备，应指定管理责任人，负责本部门办公设备的使用监督和日常保养工作。属于员工个人使用的办公设备，员工个人为管理责任人。

第十条 员工下班时，应将所用的设备关闭或断电源。

第十一条 行政部门对各部门内办公设备的运行、保养情况进行监督检查，对设备的维修、更换零件要进行登记备案。

续表

第十二条　办公设备发生故障无法使用时，设备使用人应及时报行政部门和技术人员处理，技术人员无法处理的，由行政部门联系供应商或专业维修机构统一报修。 第十三条　所有办公设备的维修必须建立完整的维修档案，由行政部门统一管理，主要包括设备名称、维修日期、故障现象、故障原因、维修内容、维修费用、维修单位等。 第十四条　行政部门定期统计、汇总办公设备维修情况，针对各类故障产生的原因提出预防措施，通报并加以防范。 第十五条　行政部门对所有办公设备建立管理台账，每半年盘点清查一次，做到账物相符。 第十六条　对超过折旧年限并经过技术部门鉴定，不能继续使用的办公设备，以及未超过折旧年限，但由于自然灾害、意外事故、管理不善、设备落后、高污染、高耗能等原因不能继续使用的办公设备，可申请报废。 第十七条　申请办公设备报废，需经主管审核批准，并报总经理签字后方可做报废处理。 第十八条　行政部门负责办公设备的报废处理工作，并建立报废处理清册，注明品名、价格、数量，以及报废处理的其他有关事项。 第十九条　报废的办公设备由行政部门集中存放、集中处理，不得随意丢弃。进行出售的，所得收入一律上缴财务部门，由财务部门进行相关账务处理。 第二十条　在办公设备的折旧年限内，由个人原因造成的办公设备毁损、丢失、被盗等，所造成的经济损失由个人承担。 第二十一条　行政部门应对办公设备的使用情况进行不定期检查，对违规使用办公设备的人员有处罚的权力。 第二十二条　本办法由行政部门负责解释。 第二十三条　本办法自20××年××月××日起执行。					
相关说明					
编制人员		审核人员		批准人员	
编制日期		审核日期		批准日期	

二、办公设备操作规范模板

办公设备操作规范模板如表6-9所示。

表6-9　办公设备操作规范模板

制度名称	××公司办公设备操作规范	受控状态	
		编号	

第一条　为提高办公设备的使用效率，延长办公设备的使用寿命，确保办公设备安全、可靠、稳定地运行，特制订本规范。

第二条　本规范适用于公司全体员工。

第三条　打印机操作规范

1.打开打印机的电源按钮，启动打印机后需预热五分钟后，方可使用。

2.进入人系统控制面板连接默认打印机，如需连接共享打印机，则输入共享打印机的ID地址后选择该共享打印机的驱动，连接成功后方可使用。

3.在打印过程中，如打印纸使用完毕，应及时添加纸张；如墨粉使用完毕，应及时加粉。

4.打印机密、重要文件时，应立刻将打印好的文件取走，防止泄密。

5.禁止在打印机上堆放重物，以免影响打印机的散热以及可能对打印机的机械部分造成重压。

6.下班后，应关闭打印机电源，并拔下电源线。

第四条　复印机操作规范

1.打开复印机的电源按钮，使其进入预热状态。

2.将需复印文件文字朝下向着玻璃板放置，轻轻盖紧盖板，防止漏光。

3.根据所需复印件的尺寸大小，选择相应尺寸的纸盒。

4.调节复印倍率（缩小或放大）、浓度（深或浅）、份数等，按下"复印"键，开始复印操作。

5.在复印过程中，应注意盖好盖板，以减少强光对眼睛的刺激。

6.整理复印纸，应先检查纸张的干爽、洁净情况，理顺复印纸后，再放到与纸张大小规格一致的纸盒里。

7.每次使用复印机后，应及时洗手，以清除手上残余粉尘。

第五条　传真机的操作规程

1.确认传真机处于"READY"状态。

2.将需要传真的文件放置在机器的上层进纸口。

3.拨通对方传真号码，如果对方传真机处于自动接收状态，会听到准备好接收的"哔"音信号（CED信号）；如果对方是手动接收状态，请对方操作员按下"启动（START）"键，将听到类似"哔"音的信号。

续表

4.当听到对方传来的"哗"音信号时,立即按下"启动"键,挂下话筒,文稿会自动进入传真机并被发送给对方。
5.如果传输成功,将会显示"成功发送"信息;倘若传输失败,也会显示出错信息。
6.当接收文件时,公司传真机会自动启动并转入自动接收状态。显示屏显示"RECEIVE"接收状态或接收指示灯亮,表示接收开始。接收结束后,传真机自动输出传真副本,显示屏显示"READ-Y"状态。

第六条 碎纸机操作规范
1.打开碎纸机侧面电源开关,中间指示灯亮,碎纸机处于自动进纸工作状态。
2.进纸过量,机器会自动反转退纸,这时应清除过多纸张。清除后,机器即恢复正常工作。
3.禁止碎布料、塑料、硬金属等物品,碎纸机工作时,切勿将衣角、领带、头发等卷入进纸口。
4.应将需要碎掉的纸张于进纸口垂直放入,不得倾斜。
5.需要粉碎CD时,将CD放入CD粉碎进口即可。
6.碎纸机连续工作时间不得超过××分钟,机器过热时会自动停机,等待一段时间后,方可重新工作。

第七条 扫描仪操作规范
1.打开机盖,将要扫描的文件文字朝下放在扫描仪的玻璃面上,与标尺边缘对齐。
2.放下机盖,即可准备扫描,单击"预览"键,可选择需要扫描的区域。
3.单击"扫描"键,即可进行扫描。
4.单击"完成"键,扫描仪会将已扫描的文件保存至指定位置。
5.暂不使用扫描仪时,应按下省电按钮,将扫描仪灯、小指示灯和前面板显示屏关闭。待再次使用时,按下前面板上的任何按钮即可启动机器。经过短暂预热后,扫描仪即进行扫描工作。

第八条 投影仪操作规范
1.安放投影仪时,应注意桌面与地面的连线,避免不小心中断电源而造成非正常关机。
2.将投影仪的连接线与计算机连接好。
3.接通电源,投影仪处于待机状态,橙色指示灯亮。
4.按下电源按钮,投影仪进入预热状态,绿灯闪烁。预热完成后,绿灯停止闪烁,保持灯亮。
5.选用合适的屏幕输出方式。

续表

6.通过遥控器调整投影仪的图像位置、大小、亮度、对比度和色彩等。
7.投影仪使用完毕后，先按下"Lamp"按钮，当屏幕出现是否真的要关机的提示后，再按下"Lamp"按钮，绿灯不亮，橙色指示灯闪烁，待投影仪内部散热风扇完全停止转动后再关闭投影仪，切断电源。
8.在放映过程中，尽量不要移动投影仪，以免对灯泡造成不良影响。
9.确定投影仪的冷却风口不被堵塞，否则会导致投影仪散热不良。
第九条　本操作规范自公布之日起执行。
第十条　本操作规范解释权归行政部门。

相关说明					
编制人员		审核人员		批准人员	
编制日期		审核日期		批准日期	

思考题

1.简单介绍办公设备采购流程。
2.简单介绍办公设备报废流程。

参 考 文 献

[1] 蔡泽浩.电子白板技术的应用[J].电子技术与软件工程,2018(3):106.

[2] 陈静.关于办公用品管理现状及措施的探讨[J].新晋商,2020(4):53-54.

[3] 陈娟娟.浅谈如何提高企业办公设备管理[J].科技创新与应用,2015(18):278.

[4] 范新龙,张华,郭芊彤.数据通信设备运行与维护[M].成都:西南交通大学出版社,2017.

[5] 范兴娟.通信设备运行与维护[M].北京:北京邮电大学出版社,2017.

[6] 高锦琳.办公用品管理系统的设计与实现[J].电脑知识与技术,2019,15(7):83-85.

[7] 高朗峰.优化打印机耗材管理的工具开发及应用[J].IT经理世界,2020,23(3):23.

[8] 贺鑫,彭卫华,李胜华.办公自动化案例教程[M].北京:航空工业出版社,2019.

[9] 黄洪斌.企业智能协同办公平台的构建研究[J].科学与信息化,2021(15):13-14.

[10] 姬智勇.常用办公设备的使用与维护[M].秦皇岛:燕山大学出版社,2016.

[11] 贾祥森.办公设备管理与维护探究[J].珠江水运,2019(3):41-42.

[12] 江丰邑.小幅面喷墨及平板打印机维护使用技术解析[J].丝网印刷,2020(9):19-26.

[13] 金国砥,吴关兴,鲁晓阳.现代办公设备的使用与维护[M].2版.北京:

人民邮电出版社，2011.

[14] 李强华.办公室事务管理[M].2版.武汉：华中科技大学出版社，2017.

[15] 甘志勇，赵瑜.办公设备使用与维护[M].重庆：重庆大学出版社，2014.

[16] 刘士杰.办公自动化设备的使用与维护[M].3版.北京：人民邮电出版社，2013.

[17] 刘艳君.浅析办公设备管理与维护[J].铁道勘测与设计，2016（4）：148-150.

[18] 刘志洪，雷兴宇，杨易等.激光打印机工作原理及典型故障分析[J].中国新通信，2020（23）：129-130.

[19] 罗萍.现代办公设备操作[M].北京：北京理工大学出版社，2016.

[20] 邵杰.办公自动化技术可视化教程[M].合肥：安徽大学出版社，2017.

[21] 汪钰斌.商务办公应用案例教程[M].北京：中国铁道出版社，2018.

[22] 王慧瑜，贾萍，郭飞.浅谈办公自动化对办公管理的影响[J].文存阅刊，2021（21）：204.

[23] 王建华.常用现代办公设备的使用与维护[M].2版.北京：电子工业出版社，2017.

[24] 王晓琪.现代办公自动化研究[M].天津：天津科学技术出版社，2018.

[25] 王雪晶.交互式电子白板的应用概述[J].办公自动化，2018（3）：63-64.

[26] 杨易，陈德凯，郑成华等.激光打印机的维修维护技巧研究[J].科学与信息化，2020（35）：92-93.

[27] 周琳琳.企业办公类固定资产及办公用品管理制度分析与探讨[J].大众商务，2020（9）：104.